大学教員のための
授業方法とデザイン

佐藤浩章 編

玉川大学出版部

はじめに

　1990年代にFD（ファカルティ・ディベロップメント）が日本の大学に導入されて以降、各大学では大学教育センター等を拠点にして、教育の質向上を目的としたさまざまな取り組みが行われています。

　愛媛大学の場合、他の多くの大学と同様、学外講師による講演会という形で全学的なFD活動が始まりました。しかし、多人数を相手にした講演会では、研修内容が一般論になりがちです。全学のFD担当組織である教育企画室は、より個別のニーズに応えるために、少人数の実践的なワークショップ形式の研修を増やしてきました。例えば、「授業デザインワークショップ」は、2002年から毎年開催されている、2日間に渡る新任教員向けの研修です。授業を担当する際に最低限求められる知識と技術を習得することを目的としています。

　また年に複数回開催される「FDスキルアップ講座」では、「シラバスの書き方」「教員のための話し方入門」「学習評価法入門」「eラーニング入門」など、教員のニーズにあわせた多様な内容が提供されています。

　また、2006年度から、初年次教育として「新入生セミナー」と「コース初歩学習科目」を全学生に対して必修科目としました。新入生セミナーの主たる内容はスタディ・スキル（学習技能）のトレーニングです。ノートの取り方や文章作成技法といったスタディ・スキル教育については、1990年代後半以降、日本の大学でも多くの実践が展開され、学生向けの教科書も複数出版されています。しかし、スタディ・スキルの具体的な内容や教育方法については、個々の教員に任されており、統一性に欠けるという問題もあります。そこで、教育企画室では、学生向けの教科書・学習教材を開発・配布するだけではなく、初年次教育を担当する教員に対して研修も実施しました。

　教育は、教員の「教授活動（Teaching）」と学生の「学習活動（Learning）」から構成されていますが、FDが教員に対する「教え方のトレーニング」だとすれば、初年次教育は学生に対する「学び方のトレーニング」です。両者の成果が相高まって、初めてよい教育は生まれます。

　本書は、このような愛媛大学の教員向け研修で実際に使われている教科書を基に作成されました。執筆者は学内のさまざまな学部に所属し、授業改善に取り組んできた教員です。執筆にあたっては、身近で、すぐに役立つ内容を記述することを大切にしました。また、できるだけ専門用語を使わず、平易に、読みやすく記述することに努めました。

　この出版にあたっては、多くの方々の支えがありました。刊行まで根気強く対応していただいた玉川大学出版部の森貴志氏には、心からお礼を申し上げます。また本書の出版を提案していただいた菊池重雄氏にも感謝申し上げます。松久勝利氏、清水史氏、増田晴造氏、西野毅朗氏には貴重な教材を提供していただきました。そして何より研修の場でさまざまなフィードバックを与えてくださった愛媛大学の教職員の皆様に厚く感謝いたします。時に厳しく、時に暖かい言葉によって、本書はより実用的なものに成長していきました。

　本書が、大学教員の授業に関する悩みを解消し、学生のより豊かな学びと成長に役立つものになることを期待しています。また、高等教育における教授学という、いまだ先行研究の少ない研究領域の発展に少しでも貢献できれば幸いです。

2010年5月1日
執筆者を代表して　佐藤浩章

大学教員のための
授業方法とデザイン

目次

はじめに………………………………………………………………i
本書の使い方………………………………………………………viii

第1章　シラバスの書き方

  1-1　シラバスとは何か？……………………………………………2
  1-2　シラバスの例……………………………………………………3
  1-3　基本事項の書き方………………………………………………5
  1-4「授業の目的と到達目標」の書き方……………………………6
  1-5「授業内容・スケジュール」の書き方…………………………9
  1-6「受講生にかかわる情報」の書き方…………………………11
  1-7「受講のルールにかかわる情報」の書き方…………………11
  1-8「教材にかかわる情報」の書き方……………………………11
  1-9「評価にかかわる情報」の書き方……………………………12
  1-10「オフィスアワー・その他」の書き方………………………12

第2章　さまざまな授業方法

  2-1　授業方法………………………………………………………14
  2-2　授業前に教員が知っておかなくてはならないこと………15
  2-3　講義……………………………………………………………16
  2-4　学生が主体となる授業方法…………………………………17

第3章　講義を「もっと」よくする工夫

  3-1　第1回目の授業………………………………………………24
  3-2　1回分の講義の構成例………………………………………25
  3-3　講義を「もっと」よくする工夫……………………………28
  3-4　学生の多様性に配慮する……………………………………35

第4章　学生の成績評価
- 4-1 大学における成績評価の問題点……………………38
- 4-2 成績評価の目的……………………38
- 4-3 テストの基本……………………40
- 4-4 さまざまな成績評価……………………42
- 4-5 成績点と合否判定……………………48

第5章　授業の振り返り
- 5-1 授業を振り返る意義……………………52
- 5-2 振り返りの方法……………………54

第6章　スタディ・スキルとは何か？
- 6-1 なぜ新入生にスタディ・スキルが必要なのか……………………64
- 6-2 スタディ・スキルとは？……………………66
- 6-3 ソーシャル・スキルとは？……………………68
- 6-4 成功するスタディ・スキル教育のコツ……………………69

第7章　スタディ・スキルの授業デザイン
- 7-1 ユニットの例……………………74
- 7-2 授業デザインの例……………………81
- 7-3 テーマの設定……………………84
- 7-4 成績評価をどうするか……………………86
- 7-5 グループワークにおける教員の役割……………………87

資料編……………………91
参考文献……………………148

資料編

(1) アイス・ブレイク

- No.1　バースディ・リング……………………………92
- No.2　昨日の晩御飯………………………………………94
- No.3　運命共同体…………………………………………95
- No.4　傾聴力トレーニング………………………………96
- No.5　サクセス・ストーリー・コミュニケーション……98
- No.6　キャンパス探険隊…………………………………100
- No.7　大学教授にインタビュー…………………………101
- No.8　約束（アポイントメント）の取り方……………102

(2) 情報収集・整理法と発想法

- No.9　大学でのノートの取り方…………………………105
- No.10　情報探しゲーム……………………………………106
- No.11　アイデア発散・収束技法…………………………107
- No.12　情報整理法トレーニング…………………………108

(3) 文章での表現法

- No.13　要約力トレーニング………………………………111
- No.14　要約力評価シート…………………………………112
- No.15　自分史づくり………………………………………113
- No.16　レポート作成のポイントA………………………114
- No.17　レポート作成のポイントB………………………117
- No.18　レポート作成のポイントC………………………119
- No.19　学問的誠実性………………………………………120

(4) 口頭での表現法

- No.20　意見表明スケール------------------------------123
- No.21　ディベート入門------------------------------125
- No.22　ディベートの進め方------------------------------126
- No.23　ディベート論題リスト------------------------------127
- No.24　ディベート評価シート例------------------------------128
- No.25　100円ショップ・プレゼンテーション------------------------------129
- No.26　プレゼンテーションのコツA------------------------------130
- No.27　プレゼンテーションのコツB------------------------------131
- No.28　プレゼンテーションのコツC------------------------------133
- No.29　プレゼンテーション評価シートA------------------------------135
- No.30　プレゼンテーション評価シートB------------------------------136
- No.31　プレゼンテーション評価シートC------------------------------137
- No.32　プレゼンテーション評価シートD------------------------------138

(5) グループワークの技法

- No.33　グループワーク自己評価シートA------------------------------140
- No.34　グループワーク自己評価シートB------------------------------141
- No.35　グループワーク・ピア評価シートA------------------------------142
- No.36　グループワーク・ピア評価シートB------------------------------143

(6) その他

- No.37　最後の授業------------------------------145
- No.38　週間学習計画シート------------------------------146

本書の使い方

　本書は、大学で初めて授業や初年次教育を担当することになった大学教員、あるいはすでにそれを担当していて改善を希望される大学教員の方々が、下記の学習目標を達成することができるように構成されています。

1) 適切に授業の目的・目標設定ができるようになる。
2) わかりやすいシラバスを書けるようになる。
3) さまざまな授業方法の中から、目的・目標にあった方法を選択できるようになる。
4) さまざまな成績評価方法の中から、目的・目標にあった方法を選択できるようになる。
5) 大学生に必要なスタディ・スキルに関する適切な教材を選択し、教えることができるようになる。

　前半では、授業を担当する際に必要とされる授業のデザイン（学習内容をどのように構成・配置するか）と授業方法（どのように教えるか）に関する基本的な事柄を説明しています。第1章ではシラバスの書き方、第2章ではさまざまな授業方法、第3章では講義を「もっと」よくする工夫、第4章では学生の成績評価、第5章では授業の振り返りについて学習します。

　後半では、初年次の学生を対象として行われることの多いスタディ・スキル教育を担当する際に必要となる基本的な事柄について説明しています。スタディ・スキル教育は初年次の学生のみならず、専門課程に移行した直後あるいは卒業論文の執筆を控えた高年次学生に対する指導においても有効です。第6章ではスタディ・スキル教育とは何か、第7章ではスタディ・スキルを教える授業デザインについて学習します。資料編では、スタディ・スキルの指導場面ですぐに複写して使える資料や授業実践例を掲載しています。

【大学教員の皆さまへ】
　大学教員向け研修の教科書として編集されているため、内容は最低限ものに厳選されています。学内外の大学教育センター等のスタッフが行う研修の教科書やワークブックとして、ご利用下さい。補足説明を書き込めるように余白を十分に確保してあります。
　一方、本書は、自学自習用の教科書として使用することも可能です。前半では、授業方法とデザインについて学習しますので、シラバスの入力時期にご自身のシラバスを手元に置き、適宜修正を加えながら読み進めていくとよいでしょう。また後半の内容は、初年次を対

象としたスタディ・スキル指導、高年次を対象とした文献講読や論文指導といった授業のシラバスを書く際のハンドブックとして、また実際の指導場面における配布資料として使えます。必要に応じて複写して使えるように、ページ割りも工夫されています。ご自身の状況にあわせて本資料を修正し、独自の教材開発のヒントを得ていただくこともできます。

【大学教育センター等のスタッフの皆さまへ】
　大学教員向け研修の教科書である本書を使って、新任教員向けの研修や各種研修を実施することができます。研修にかかる時間は、1章につき90分から120分を想定するとよいでしょう。記載内容は最低限のものに厳選されていますので、スライドを使ったり、口頭で補足説明をすることで、より独自性の高い教材に編集し直すことも可能です。また、シラバスの修正やペア・グループによる討論や情報共有、スタディ・スキル教育の体験受講などのワークを挿入することで、より効果的な参加型の研修にすることができます。

　愛媛大学では本書を使って各種研修を実施しておりますので、参加・参観を希望される方は教育企画室までご相談ください。また、本書の内容に則したeラーニング教材に「講義に生かせるFD講座（入門編）」（金沢電子出版）があります。本書とあわせてご活用されると効果的です。

　本書の記述内容に関するご意見、実践された上での効果、修正希望点、よりよい授業実践例、資料などがございましたら、愛媛大学教育企画室にお寄せください。

　　愛媛大学　教育・学生支援機構　教育企画室
　　〒790-8577　愛媛県松山市文京町3番
　　E-mail　　　info@iec.ehime-u.ac.jp
　　TEL・FAX　089-927-8922
　なお、授業のために配布する以外の目的での本書の無断転写・複写はご遠慮ください。

【用語の説明】

授業　　　　　1回性を有する教育・学習活動の総体。次に挙げるようなさまざまな方法がある。
　　　　　　　① 講義
　　　　　　　　一人ないしは複数の講師が、多数の学生に対して、主に言葉を使って知識を説明する方法。
　　　　　　　② グループワーク
　　　　　　　　学生をグループ単位での活動（討論、共同作業など）に参加させることで、メンバー間での相互作用を通して、個人の成長を促進する方法。
　　　　　　　③ フィールドワーク
　　　　　　　　学生が、場所（現地）を実際に訪れ、その対象を直接観察し、関係者に聞き取り・アンケート調査を行い、現地での史料・資料の採取を行うことで、学術的成果を求める方法。
　　　　　　　④ 実習
　　　　　　　　講義で学んだ知識や技術を、実際の現場で、あるいは、実物を用いて学ぶ方法。教育実習、介護実習、臨床実習、臨地実習、鋳造実習、電子計測実習、自動車製造実習などがある。

ユニット　　　一つのコースの中で関連する内容を扱う授業数回分のまとまり。授業2〜5回分程度。いくつかのユニットが集まってコースを構成する。

コース　　　　一定期間内に開講される連続した授業のまとまり。なお、「学科・専攻・コース」といった教育組織の一形態としてこの用語を使用することもあるので、区別するために本書では「授業」「科目」としている場合もある。

カリキュラム　複数のコースによって構成される系統的なまとまり。「共通教育のカリキュラム」「法学部のカリキュラム」などと使われる。

シラバスの書き方

本章では、よりよい授業の出発点となる
シラバスの書き方について学習します。
シラバスを作るためには、さまざまな授業方法、
評価方法といった知識がなければなりません。
また授業全体をわかりやすく組み立てるデザイン力
も必要となります。

1-1 シラバスとは何か？

（1）定義

授業前に学生に配布され、授業で扱う内容、授業の進め方、評価方法など授業の全体像を示す文書のことをシラバスといいます。

（2）役割

①授業選択ガイドとしてのシラバス

選択の機会がある場合は、科目選択の基準として、シラバスは機能します。学生は自分の学力、関心に見合った内容かどうかを判断する材料としてシラバスを読みます。

②契約書としてのシラバス

シラバスに書かれている内容は、教員と学生との間の契約事項となります。教員はシラバスどおりの授業を実施することを学生と約束し、学生はシラバスに書かれている事項を守ることで、互いによい学習環境を作ります。

③学習効果を高める文書としてのシラバス

シラバスをノートの最初のページに貼り付け、授業のたびに確認をしている学生がいます。このように、授業全体の中で今回の授業はどこに位置づいているのかを確認したり、授業の目的や到達目標を繰り返し確認したりすることは、学習効果を高めます。

またシラバスにテストやレポートの内容を明記することで、学生に計画的に学習をする習慣や、毎回授業時間外学習をする習慣を身につけさせることができます。

④教員と学生の人間関係づくりのツールとしてのシラバス

先行研究によれば、学生は教員個人について強い関心を抱いています。シラバスに教員個人のプロフィールを書くことで、授業開始前に学生とゆるやかな人間関係を構築することができます。

⑤授業の雰囲気を伝える文書としてのシラバス

空欄が多かったり、説明分量が少ないシラバスは、学生から「楽勝科目」と思われてしまう可能性があります。丁寧かつ詳細な内容を書くことで、しっかりと計画された授業を印象づけることができます。こうした事前のイメージが学生の受講態度にも影響を与えます。シラバスからすでに授業は始まっているのです。

⑥授業全体をデザインする文書としてのシラバス

　授業が「よい」ものであるためには、1回の授業が「よい」だけではなく、全体の流れも「よい」ものである必要があります。シラバスを丁寧に書き、各回の授業で扱う内容や参考文献を考えることで、教員自身が全体の流れを頭に描くことができます。この過程で、不足していること、重複していることがよく見えてきます。また、一度きちんとしたシラバスを作ると、同じ科目を再度担当する際は、授業の準備が楽になります。もちろん不断の見直しをする必要はあります。

⑦カリキュラムに一貫性を持たせるツールとしてのシラバス

　専門教育課程では、ある科目の内容を学習し理解していないと、次の科目の内容が理解できない、ということがよくあります。こんなとき、他の科目のシラバスを見ると、自分が教える学生がどの程度のことをすでに学習しているかを把握することができます。シラバスが詳細に記載されていれば、他の教員もその科目の内容を詳細に知ることができます。これは、並行して進行する科目間では特に重要なことです。このようにシラバスは、学科・コース等のカリキュラムを統合し、一貫性のあるものにすることを助けてくれます。

⑧教員の教育業績記録の証拠としてのシラバス

　教員の業績評価にあたっては、研究業績のみならず、教育業績も評価される必要があります。教育業績は一元的な尺度で評価することは困難であり、複数の証拠（エビデンス）に基づき評価されなければなりませんが、シラバスは当該教員の授業デザイン力を測定するのに適した証拠となります。

1-2　シラバスの例

授業題目	植物の生理と働き（Plant Physiology and Functions）
担当教員名	大学太郎（理学部）
キーワード	植物の生理（Plant Physiology）、成長と適応（Growth and Adaptation）、光と水ストレス（Light and Water Stress）、植物環境（Plant Habitat）

授業の目的・到達目標

〈授業の目的〉

　植物に関する基本的現象や機能、植物の特徴と有用性について理解する。

〈到達目標〉

- 植物のからだのつくりとはたらきについて細胞レベル、分子レベルで説明できる。特に、動物や他生物と対比してどこが違うか的確に実例を挙げて説明できる。
- 環境変化に対する植物の動的な側面、多様な適応戦略の概説とその性質の応用法について説明できる。
- 人類や地球環境における植物の重要性を明確に論述できる。

授業の内容・スケジュール

　まず、植物の特徴、からだのつくりとはたらきについて説明した後、動物や他生物とはどこがどう違う生物であるかを明らかにする。これによって植物に関する基礎知識を得ることができる。

　次に、植物を取り巻く環境について概説し、特に重要な環境要因である光（光合成、光形成、光ストレス）や水（乾燥、塩ストレス）と植物との関係について詳しく説明する。

　後半部では、植物のしたたかな戦略（特に子孫繁栄のためのさまざまな手段）について概説する。さらに、地球環境における植物と人類や他生物とのかかわりについてまとめを行う。

　第1回（10月1日）：ガイダンス

　第2回（10月8日）：植物の特徴①（ライフサイクル）／宿題（教科書60～61頁のワーク）

　第3回（10月15日）：植物の特徴②（細胞の構造と成長、生産力と適応力）／宿題（プリント課題）

　（以下、略）

受講生にかかわる情報

　生物、特に植物の機能やはたらきに興味のある人を対象に授業を進める。高校レベルの生物と化学の知識を一部必要とする。

受講のルールにかかわる情報

　毎回出席をとる。授業中の私語を禁じる。ただし、グループ討論を行うときはこの限りではない。携帯電話は使用しないこと。

教材にかかわる情報

　特定の教科書は使用しない。プリントを配布する。参考書をいくつか紹介する。植物に関するビデオを4、5回教材として鑑賞する。

評価にかかわる情報

- 小レポート（40％）　・テスト（40％　※ノート、プリントの持ち込み不可）

・小テスト（20％）
オフィスアワー・その他
金曜日12:00〜14:30（11月17日を除く） 総合研究棟1（理学部地区）、5F、5××号室

1-3　基本事項の書き方

(1)「授業題目」の書き方

● 留学生向け、海外大学との単位互換のために英文併記が求められる場合もあります。
● 一般教育科目の場合、理系科目を文系学部の学生が受講したり、文系科目を理系学部の学生が受講したりすることがあります。さまざまな学生を想定し、わかりやすいタイトルにします。

【わかりやすい授業題目のアイデア】

△「基礎生命科学」
　これでは味気ないし授業の内容を想像できないので、入学したばかりの学生にも想像できるように具体的にします。
→○「生活の中の生化学」

△「骨学入門」
　これでは授業の内容を想像できないので、副題をつけます。
→○「骨学入門——ヒトの骨のヒトらしいところ」

(2)「キーワード」の書き方

　学生が授業の内容の概略をつかみやすいように、授業で扱う主なトピックのキーワードを抜き出します。授業終了後には、説明できるようになってほしい概念はキーワードにふさわしいといえます。これも英文併記が求められる場合があります。

1-4 「授業の目的と到達目標」の書き方

「授業の目的」は「一般目標」、「到達目標」は「行動目標」と呼ばれることもあります。

(1)「授業の目的」と「到達目標」を作成する際に気をつけること

①現実的なものにする

学生が、授業終了後には「こんなことができる」「こんなことを知ることができる」というイメージを抱けることが大切です。それが現実的であればあるほど、学習意欲は高まります。さらに「簡単に達成できる目標」よりは、「ジャンプして届く目標」のほうが学習意欲を高めます。

②学科・コース等のカリキュラムの中での位置づけを明示する

その授業が、カリキュラム全体の目標（ディプロマ・ポリシー）と整合性を持っていることを明示することで、学生に学習の意義をわかりやすく理解させることができます。

(2)「授業の目的」の書き方

●当該授業の存在意義を書きます。
●学生を主語として書きます。

　　例：×「○○について説明する、概説することを目的とする」
　　　　　　教員が主語の文
　　　→○「○○について知り、理解できるようになることを目的とする」
　　　　　　学生が主語の文
　　　→○「○○について学び、××について考察することにより、△△できるようになる」
　　　　　　学生が主語の文

●「この学習がなぜ必要か」＝「学習内容がどのように応用されるのか」を記述します。「〜するために」を使って文章を作成するとよいでしょう。
●複雑な概念を持つ動詞、総括的な概念を持つ動詞を用いて表します。

◆授業の目的に使用する動詞

知る	認識する	理解する	感ずる	判断する
価値を認める	評価する	位置づける	考察する	使用する
実施する	適用する	示す	創造する	身につける

(3)「到達目標」の書き方

- この授業の終了段階で、できるようになってほしい行動を「○○できる」という形式で書きます。
- 学生を主語として書きます。
- 「授業の目的」と対応させます。一つの目的に対して、数個から十数個の目標を設定するとよいでしょう。
- 「理解する」のような概念的言葉でなく、観察可能な行動で表現します。動詞は、知識・態度・技能の三領域に分けて記述するとわかりやすくなります。

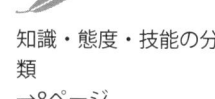

知識・態度・技能の分類
→8ページ

例：×「印象派絵画について感受性を高め、作品をじっくりと味わう」
　　　このような書き方は、抽象度が高く目標の達成状況を判断しにくいので、例えば、以下のように具体的な動詞を使用します。
　　→○「印象派絵画の芸術的価値について、1980年までの通説と1990年以降の通説の違いを踏まえて、説明することができる」

- 一つの文章に一つの目標を書きます。
　　「目標」は、一つ一つ独立させる必要があります。一つの文章に複数の「目標」を混ぜてはいけません。後でそれぞれの達成度を測定するのが困難となります。
- 行動目標が評価される条件を明示します。
　　例えば「電卓を使って」「辞書を見ながら」のように、何を使ってよいのか、どのような制限があるのかを示します。
- 行動目標が評価される基準を記述します。
　　例えば「具体例を三つ以上説明できる」「1分以内で完成させることができる」というように数字を使うと基準が明確になります。
- 授業終了後のイメージを具体的なものとすることで、自学自習を促すことができます。

アタマを使った認知領域

◆授業の到達目標に使う動詞（知識の領域）

列記する	列挙する	述べる	具体的に述べる	説明する
分類する	比較する	例を挙げる	類別する	関係づける
解釈する	予測する	選択する	同定する	弁別する
推論する	公式化する	一般化する	使用する	応用する
適用する	演繹する	結論する	批判する	評価する

ココロを使った情意領域

◆授業の到達目標に使う動詞（態度・習慣の領域）

行う	尋ねる	助ける	コミュニケーションする
寄与する	協調する	示す	見せる
表現する	始める	相互に作用する	系統立てる
参加する	反応する	応える	配慮する

カラダを使った精神運動領域

◆授業の到達目標に使う動詞（技能の領域）

感ずる	始める	模倣する	熟練する	工夫する
実施する	行う	創造する	操作する	動かす
手術する	触れる	触診する	調べる	準備する
測定する				

1-5 「授業内容・スケジュール」の書き方

- ●「授業の目的」「到達目標」に対応させてデザインします。

- ●わかりやすい「流れ」を考え、要素を選択・配列します。

配列の原則としては、「容易なものから難しいものへ」、「基礎から応用へ」といったものがあります。

- ●授業時間外の学習がある場合は、ここに書きます。

  例：「教科書第3章を事前に読んでおくこと」
  （授業時間外の学習を促す事例については、次ページを参照）

- ●授業方法によっては、スケジュールを毎回、具体化できない場合もあります。その際は、「第2回〜第5回は学生が選んだテーマのグループディスカッション、第6回〜第8回は課題のプレゼンテーション」という書き方にします。

2〜4回毎のまとまり（ユニット）に分けたり、途中で振り返りのための回をとるのも、学習内容を定着させるためには有効です。

- ●「学生の実態によって、スケジュールを変更する柔軟性が必要だ」という意見もあります。シラバスは契約という意味を持ちますので、原則はシラバスに沿って授業をすることになりますが、やむを得ず変更する場合は、学生に変更の理由をきちんと説明することが求められます。変更の際は、改めてシラバスを作り直し、印刷物として学生に再度配布することが望まれます。

【授業時間外の学習を促す事例】

単位制度の実質化を進めるには、**授業時間外の学習**を学生に課す必要があります。以下では、授業時間外学習を促す事例を紹介します。

●シラバスで宿題を提示する。
　学生が毎回宿題をすることを習慣づけるために、授業時間外学習の内容を事前にシラバスに示しておく。この際、無理のない量とレベルの課題を均一に配分する。そして、必ず宿題をしてきたかどうかをチェックする機会を設ける（数人の学生に質問をするなど）。
例：第5回　幼児の発達と支援（教科書p.68-76）を読んでおく。

●毎回授業の冒頭でミニテストを行う。
　学習した内容にかかわるミニテストを次回の授業で行うことを告知し、復習をしておくように指示する。次の授業冒頭でミニテストを行う。テスト終了直後に模範解答を配布し、自己採点をさせる。このミニテストの設問中から、中間テスト、期末テストを作成することにしておくと、学生はテストを保管し、時々振り返るようになる。テストは自己採点の他、隣の学生同士で解答用紙を交換して確認させてもよい。
例：第6回　5回目の内容のミニテスト（教科書pp.68-76）

●授業の要約とコメントをレポートとして課す。
　ある教員は、毎回授業終了後に学生から要約とコメントをミニレポートとして提出させている。次回の授業の前日までに提出させることで、それを紹介することができる。学生の個人的な体験、考えを授業の材料とすることで、学生の参加意識も高まる。授業中だと時間に追われてじっくり書けないコメントも、宿題なら、よく考えて書くことができる。

●ボーナス課題を出す。
　例えば「文献を読み、400字以内で要約、400字以内でそれに対する自分の意見を書く」ことをボーナス課題としてシラバスに書いておく。全受講生の必修にする必要はないが、選択課題として設定しておく。できるだけ多くの学生に課題をこなしてもらいたい場合は、この課題を提出しなければ「秀」を取得できないように評価基準を決めるとよい。コメントをつけて返却するなどフィードバックを行えば、さらに学習意欲を高めることができる。

1-6 「受講生にかかわる情報」の書き方

● 学生のニーズと授業内容のミスマッチを防ぐため、受講にあたって前提となる知識、態度、技能を明示します。
　例：「『フランス語入門』を履修したことを前提とする」

1-7 「受講のルールにかかわる情報」の書き方

● 資料の配付方法や課題提出のルールを具体的に明示します。
　例：「授業で配布する資料の予備は保管しません。出席者からコピーをしてもらってください」
　　　「当日欠席により課題提出が遅れる場合は、事前に受け付けます」
● 受講上の注意点を書きます。授業中に互いに不愉快な思いをしないために、欠席、遅刻、途中退出の扱い等を明確に書きます。教員の常識は、学生の常識と異なると思って書いてください。
　例：「授業中は飲食を禁止します」
　　　「携帯電話の電源は切り、机の上に置かずにしまっておくこと。各種障がいのために携帯電話が必要な場合、申しでること」

> 障がいを持つ学生の中には、携帯電話をコミュニケーションの補助ツールとして使っている人もいます。

1-8 「教材にかかわる情報」の書き方

● 教科書を使用するかどうかを記載します。使用する場合は教科書名、著者名、出版社、出版年、価格を記入します。「教科書を購入したが一度も使わなかった」と不満を表明している授業アンケート記述もあります。教科書を購入させる場合は、使用方法を明確にしておきましょう。また絶版になっていないかどうか、毎年確認しましょう。
● 一般教育科目の場合は、学生にとって、その授業が当該学問分野の最初の入り口にあたります。興味を持った学生が、自ら学習できるように、参考文献リストは丁寧に作ります。参考となるウェブサイトのアドレス（URL）や研究会の案内を書くこともできます。

1-9 「評価にかかわる情報」の書き方

評価方法については、第4章で詳述します。

- レポート課題のテーマ、提出期限、試験の時期を書きます。そうすることで、学生は計画的に試験の準備学習を始めることができます。
- 複数の評価方法を使用する場合は、それらの基準、配分割合（例：テスト60％、レポート20％、毎回のコメントシート20％）を明記します。出席そのものは評価の要素には入れないのが一般的です。
- 成績評価とは、「到達目標」を達成したかどうかを測定することです。学生がヤマかけ行動をしないように到達目標のすべてを網羅するようにしましょう。一方で、教えた内容と全く関係ないものを評価することのないようにします。
- 学生から採点根拠を尋ねられたら、答えられるように、基準を明確に設定しておきます。

1-10 「オフィスアワー・その他」の書き方

- オフィスアワーとは、学生が事前の約束なしでも研究室を訪問できる時間帯のことです。「研究室にいつでも来なさい」といいながら、いつも教員が不在であったり、学生が訪問しても邪魔者扱いされたりというケースをなくすために作られたものです。
- 「いつでも構わない」では、オフィスアワーにはなりません。具体的な時間帯を設定します。「〇曜日〇講目」「〇曜日〇時から〇時」というのは、学生にとってはわかりやすい表現です。学生が他に授業が入っているために来ることができないことがありますので、休み時間も入れて設定するとよいでしょう。また訪問機会を増やすために、複数設定するのが望ましいです。
- 学生にとって研究室を訪問するのは勇気のいることです。授業中に、来室は歓迎されることを伝えたり、研究室を訪問することを課題とすることで、ハードルを下げることができます。

さまざまな授業方法

2

大学で行われる授業の方法は
多様になってきています。
大教室で教員が一方的に話し続ける講義以外にも、
学生に体験をさせたり、参加を促したりと、
学生が主体となる授業が増えています。
ここでは、それぞれの授業方法のメリット、
デメリットについて説明します。

2-1 授業方法

「大学設置基準」によれば、授業には次のような方法があります。

「講義・演習」　　　15～30時間で1単位
「実験・実習・実技」　30～45時間で1単位

この章では、「講義・演習」に対象を絞り、その中で使われるさまざまな授業方法について考えてみましょう。

(1) 教員が主体となる授業方法

「講義」（大人数から少人数まで）
　……教員が複数の学生の前で話す方法です。最も一般的です。

(2) 学生が主体となる授業方法

「学生が体験する授業方法」（フィールド活動、教室でもできる体験）
　……学内外での体験を取り入れた方法です。学習意欲を高めることができます。
「学生が参加する授業方法」（ゼミナール、ワークショップ、チュートリアル）
　……少人数のグループワーク等を通して、学生が「自ら考え・自ら学ぶ」ためのさまざまな能力を養うことを目的とした方法です。

その他にも「映像試聴」など、さまざまな授業方法があります。実際には、学生の学習効果を高めるために、さまざまな授業方法を組み合わせて授業をデザインします。

【さまざまな授業方法から構成される授業例】

15% 講義	15% 映像視聴	10% 講義	40% グループディスカッション	20% 講義

2-2 授業前に教員が知っておかなくてはならないこと

●「よい」授業をするには、学生について以下の情報を把握しておく必要があります。

「学生はどの程度予備知識を持っているのか？」＝習熟度
「学生はどのくらい講義をわかっているのか？」＝理解度
「学生はどのくらいの知識を習得できたのか？」＝到達度

●授業前の段階では、授業の目標の達成のために学生の習熟度や理解度を把握しておくことが必要です。例えば、第1回目の授業の際に小テストやアンケート、学生からヒアリングをすることによって、適切な授業内容のレベルを設定することができます。

●一般教育科目では、高校を卒業したばかりの学生が対象になるため、専門的な予備知識を期待することはできません。予備知識を必要とする場合にはその旨をシラバスに明記しなければなりません。また、第1回目の授業のときにもプレテストを実施して受講に当たって必要とされる知識のレベルを再度確認する必要があります。そうすることによって学生は自分に合った学習をすることができます。

●専門教育では、ある科目の知識を修得しなければ次の科目を理解できない、ということがよくあります。自分が教える科目の前に学生は、どの科目を履修したか（何を知っていて、何を習っていないのか）、その科目は必修科目か、試験は終わっているか、を教員自身が確認する必要があります。その際、他の授業の内容も把握し参考にします。自分が教えている学生が所属する学部学科等については、すべての学年のシラバスを手元にそろえておく必要があるでしょう。

小テストでフィードバック
→59ページ

受講の前提条件をシラバスに記載
→11ページ

授業の第1回目に心がけること
→24ページ

シラバスの役割
→2ページ

2-3 講義

　大学の授業では講義が一般的ですが、下記のメリット、デメリットがあります。特徴を理解した上で、この方法を選択する必要があります。

(1) 講義のメリット

◎「多人数の学生に対して」「一人の教員が」「限られた時間内に」「知識を伝える」ことができる。

◎聞き手の動機づけがなされている場合、「知識伝授」の手段として、講義は効率的な授業方法となる。

(2) 講義のデメリット

■「教員から学生へ」という一方向の情報伝達にとどまることが多い。
　　聞き手である学生は、教員が意図しているとおりに理解しているとは限りません。

■教員の「一人よがり」「自己満足」「自己陶酔」に陥る危険がある。
　　フィードバックの機会が少ないため、学生の理解度を確認しにくいです。

■学生が消化不良を起こしやすい。
　　教員の「すべてを教えたい」という気持ちが先に立って、学生が授業を理解できずに消化不良を起こしやすくなります。どんなに教員自身ががんばって授業をしていても、学生には「教員一人が前で踊っているだけ」にしか見えないことがあります。そのような一方通行の授業は、学生の学習意欲を低下させてしまいます。

■学生の個性や個別の習熟度・理解度に合わせにくい。

デメリットを克服するための工夫を、次節2-4、および第3章で考えます。

講義で聞いた内容は、3ヵ月後にはその5%しか記憶に残っていないという調査結果もあります。

2-4 学生が主体となる授業方法

　ここでは、「体験」や「参加」を取り入れた授業方法を、学生が主体となる授業方法と呼びます。そのメリットとデメリットは下記のようになります。

(1) 学生が主体となる授業方法のメリット

　◎「体験」や「参加」によって、学生が主体的に考えるきっかけを作ることができる。

　◎「小人数」のグループ活動によって、能動的な参加の機会を持たせることができる。

　◎「グループ内・グループ間」で競争を促すことで、積極性を引き出すことができる。

　　講義中心の授業においても、双方向性を持たせたり、適切な宿題を課すことで、学生を主体とする時間を作ることができます。

学生が「体験」する授業
→19ページ

学生が「参加」する授業
→21ページ

（2）学生が主体となる授業のデメリット

■大量の知識を能率よく学生に伝えることには向かない。
　学生が着実に知識を身につけるよう、講義を併用したり、教科書や参考書等で自己学習を課すなどして、知識を補う工夫が求められます。

■時間がかかる。
　学生にとっても教員にとっても試行錯誤が避けられないことから、思いがけず時間がかかってしまい、授業の進行が遅れがちになります。時間内に処理できるように事前の周到な準備が必要です。また、授業中にはスクリーンに指示を提示したり、ストップウォッチで時間を管理するなどの工夫が求められます。

■個別対応が難しい。
　一人一人の個性や習熟度に合わせて多様な学生に個別に対応するのは、実際には困難が伴います。学生には、円滑なグループ活動に必要な基礎的技術を手ほどきし、経験を積ませるプロセスが必要です。
　また、習熟度の低い学生が集まった場合、グループ全体の活動の効率が下がりがちになります。こうした場合、グループ討論の中に一時的に教員も加わることで、達成感を得させ、次のステップへの道筋をつけさせることが重要になります。こうした教員の役割は、ファシリテーション（学習活動の促進）と呼ばれます。

■テーマの設定が難しい。
　学生が主体的に学ぶテーマを教員が設定するか、学生に自由に設定させるか、というジレンマはこのタイプの授業では常に悩みのタネです。大枠は教員が設定し、具体的テーマを学生に設定させる、というのが一般的なパターンでしょう。いずれにせよ、学生とよく話し合うことによる合意の形成が求められます。

(3) 学生が「体験」する授業方法

ここで、「体験」とは「自分の身体を通して実地に経験する活動」を指します。「体験」の例として「実験」「実習」「見学」「観察」「現地調査」などが挙げられます。

講義の中にこうした「体験」を取り込むことが可能です。例えば、「心臓の働き（心拍数の制御）」を理解させるためには、講義以外にも、自分の体を使ってそれを「体験」させることができます。

授業の要素の組み合わせ
→14ページ

- クラスの一人一人に自分の脈拍を測ってもらう。〔体験〕
- クラス全体の値を黒板で表にまとめる（グラフにする）。〔参加〕
- 「教室の階段で踏み台昇降をする」などの身体的課題を与えて、その後の脈拍の変化を同様に表にまとめる（グラフにする）。〔体験・参加〕
- まとめた表をクラス全員で共有し、ディスカッションを行う。〔参加〕
- その後で、体験された内容に関する短い講義を行う。〔講義〕

テーマによっては、それにまつわる「実体験」について学生にレポートを書かせ、その内容を選出・抜粋して講義資料として使うことができます。ただし、その場合には個人情報の保護に十分配慮し、他の学生にも紹介することを事前に確認し、学生の同意を得ることが前提となります。

ある教員は、同意を得ずに授業で学生コメントを紹介したところ、「勝手に読み上げないでほしい」と再度コメントされてしまいました。

(4)「体験」を授業に取り入れることのメリット

◎学びの土台・出発点となる。

当該テーマについての関心を喚起し、学習内容に具体的イメージを与え、学習を動機づけるきっかけとなります。

◎学びの総合化・深化となる。

体験に含まれる多様な要素は学習者に、その具体的場面についての知識・経験・技能を総動員すること、それらをもとにして推論し解釈すること、それらに即して実際に行動することを求めます。これらは学びを深化させることにつながります。

◎実社会で必要なスキルを学ぶことができる。

実際の活動場面・生活場面において重要な、安全への態度・技能、他者との連絡・調整、協力、コミュニケーションなどを学ぶ機会ともなります。

学生の個人情報の取り扱いについては注意してください。

インタビュー調査に協力してくださったかたの個人情報も同様です。

(5)「体験」を授業に取り入れることのデメリット

■**手間がかかる。**

　連絡、調整、物品の調達、安全への配慮、学生の把握などのために膨大な手間かかります。学外での活動を含む場合は、学生の連絡先（携帯電話番号やメールアドレス）を把握しておくとよいでしょう。

　また基本的なマナーが身についていない学生もいるので、事前に予約（アポイントメント）をとること、電話のかけ方、インタビューの仕方などのマナーについても教えておくことが必要です。

　さらに事故の可能性もあるので、保険に加入しているかどうかの確認も必要になります。

■**孤立した活動となりがちである。**

　それぞれの活動の目的・目標が明示されていないと、単なる孤立した活動となり、学習の全体目標にとって意味をなさないものとなってしまいます。活動によってその目標（何を得させるか）は異なるのです。

- 見学・観察　→　目標：問題の発見、対象への関心・興味の喚起
- 調査　　　　→　目標：学びの方法の習得、推論・解釈
- 実習・実験　→　目標：既有知識の動員・検証、推論・解釈、新たな問題の発見、対象への新たな関心・興味の喚起

　活動を孤立させないためには、講義と相互補完的に、展開する必要があります。

(6) 学生が「参加」する授業方法

「ゼミナール」「ワークショップ」「チュートリアル」はこの授業方法に含まれます。講義の中に部分的に取り込むことが可能です。

例えば、中規模クラス（30〜40人）の講義でも、下記のような時間を挿入することができます。ただし、アイス・ブレイク（人間関係の緊張感を取り除くためのワーク）を十分に行うことが、グループワークを成功させるカギとなります。

◆学生が「参加」する授業方法の例

- 学生をいくつかの小グループに分けてグループワークをさせる。
  ※小グループの大きさは、学生3〜6人がベストです。
- グループ毎に検討結果を発表し、クラス全体で共有する。
- 総合討論で締めくくる。

学生代表がテーマについて調べてきてそれをクラスの前で発表する形式には、注意が必要です。代表の学生だけが教員と議論をしている、という状態になりやすいので、クラス全員がその内容について調べてくるよう事前に宿題を出します。

課題を提示するタイミングは、いろいろあります。
- 授業中に提示する（準備した学生とそうでない学生の差がない）。
- シラバスに印刷・明示しておく（学生は予習ができる）。
- 各回の終わりに、次回の課題を提示する（宿題・予習として）。

授業の要素の組み合わせ
→14ページ

アイス・ブレイクについては、92ページも参照してください。

グループ内の人数を減らして、グループ数を増やすと、発表時間が長くなり、授業が冗長になります。一方で、グループ内の人数を増やすと、対話や作業に参加しない学生が生じます。

3

講義を「もっと」よくする工夫

講義はさまざまな限界があるにしても、
大学においては最も一般的な授業方法です。
本章では、講義をどうすれば
もっとよくできるのかについて考えてみます。

3-1 第1回目の授業

どのような授業方法であるにせよ、学期はじめの授業は緊張するものです。そして学期はじめの授業が、その学期を通しての学生と教員との人間関係に大きな影響を持ちます。

第1回目の授業は、多くの場合「ガイダンス」となります。授業の第1回目では学生はまだその科目の受講登録を完了していないこともあるでしょう。第1回目の授業では、以下のようなことに気をつけます。

(1) 自己紹介をする
- 学生とアイコンタクトを取りながら話します。
- 名前、所属、専門分野、連絡先、オフィスアワー等を説明します。
- 趣味や学生時代のことなど、個人的な話題は学生との距離を縮めます。

(2) 授業の概要を説明し、同意を得る
- その授業の目的や到達目標を具体的に説明します。
- 受講の前提となる知識も明確に説明します。
- 授業内容や授業スケジュールを説明します。
- 目的や目標に沿って、成績を評価する方法を説明します。提出物（レポート、宿題など）があれば、提出期限をはじめに明確にしておきます。
- 受講のルール（特に受講態度）をはっきりと伝えます。私語・飲食や携帯電話の使用、遅刻欠席の扱いなどを確認します。

(3) 授業の魅力を語る
- 第1回目の授業で最も大事なことは、学生の「この授業を学びたい」という気持ちを高めることです。映画の予告編のように、授業のヤマ場、授業終了後にできるようになること、実社会での活用場面などを、短くまとめて魅力的に語りましょう。
- 教員本人であるあなたが、教室の中で最もその科目に情熱を持っていることを示しましょう。
- 学生に対して、「他ならぬ自分にとって意味のある内容」であることを強調します。

上記の内容は当然シラバスに書かれていなければなりませんので、第1回目の内容はシラバスの内容の再確認ということになります。シラバスの内容を読んでいて当然なのに、再度説明する必要があるのかと思うかもしれませんが、大切なことは、授業担当者が実際に説明することで、その場で契約を結ぶことにあります。

障がいを有する学生を支援する
→35ページ

授業中に人権侵害をしない
→35ページ

学生は教員がどんな人物なのかに興味を持っています。

学生が持つ予備知識を知っておく
→15ページ

受講のルールをシラバスに書く
→11ページ

3-2　1回分の講義の構成例

　ここでは、講義のモデルケースとして、低学年向けの全15回の授業の中での1回分（ただし第1回目の授業ではない）を取り上げています。ここで紹介した構成を、アレンジして使ってみてください。

【1回分の講義の構成】

0. 開始10分前には教室に入っておく
1. 導入のトーク（3分）
2. いきなり「小テスト」（5分）
3.「本日のメニュー」の説明（5分）
4. 前半の講義（25分）
5. 質問タイム（5分）
6. 後半の講義（25分）
7. 本日のまとめ（5分）
8.「小テスト」あるいは「小レポート」（10分）
9. 授業アンケートと終わりの挨拶（7分）

【フランス料理風に「本日のメニュー」に例えて説明するなら……】

アミューズ：導入（つかみ）のための短いトーク
オードブル：「小テスト」＝キーワードの明示
スープ：前回までのおさらい、その日の講義の概説
魚料理：第1のテーマ（例えば問題提起）
ソルベ：ちょっと休んで質問タイム
肉料理：第2のテーマ（例えば問題の展開／解決）
デザート：まとめ、「小テスト・小レポート」
コーヒー：アンケート、次回への伏線

授業の要素の組み合わせ
→14ページ

第1回目の授業
→24ページ

3　講義を「もっと」よくする工夫

0. 開始10分前に教室に入室

　教室に入ってチェックしなければならないことがあります。マイクの電池切れやAV機器の不具合などの予期せぬトラブルもありますので、早めの入室を心がけます。「必要な道具がそろっているか？」「必要な機器が期待どおり動作するか？」を確認しましょう。

　また、早く来ている学生と雑談をしてみましょう。自分が落ち着きますし、学生の反応を把握するよい機会となります。「講義のスピードは早過ぎないですか？」「これまでのところでわかりにくかったところはないですか？」と聞いてみます。

　教員がいつも教室に駆け込んだり、遅刻をしたりしていると、学生も時間に厳密さが欠けてくるようになります。授業アンケートでも「教員の遅刻が多い」「途中でいなくなることが多い」などというコメントがあります。タイムマネジメントをしっかりしましょう。

1. 導入のトーク（3分）

　授業に入る前に、若干の余談をすることは、学生とコミュニケーションを取るよい手段です。時事ネタや身の周りのこと、研究活動にかかわる近況などを話しながら、隅から隅まで学生を見渡してアイコンタクトを取りましょう。教室の雰囲気が和らぎ、授業がしやすくなります。

　プリント（印刷物）がある場合、配布します。プリントの枚数は授業の前にあらかじめ確認しておきます。配布するタイミングは「小テスト」の時間でもよいし、その後でもよいです。

2. いきなり「小テスト」（5分）

　前回までのキーワードあるいは、その日の最重要項目（キーワード）を、小テストとして出題します。学生の理解度を把握し、学生にはその授業のキーワードをあらかじめ意識させることが目的です（前回の復習であれば、その場で自己採点させ、回収はしない、というやり方もあります）。

> 小テストを成績評価の対象とするときには、その旨事前にアナウンスしておきます。用紙に記名させ回収することで出席のチェックもできます。

> 「本日のメニュー」
> →25ページ

> 板書を工夫する
> →31ページ

3.「本日のメニュー」の説明（5分）

　90分間の講義の構成を、おおまかに説明しておきます。このように全体像を先に提示することで、学生は授業内容を効果的に記憶できるようになります。

　黒板・白板の左端は「本日のメニュー」専用スペースとして、最後まで消さずに残しておき、講義の目的・目標を明示しておくとよいでしょう。特に、長い講義（2コマ連続など）のときに有効です。学生が、今の説明は全体の中でどこに位置づいているのかを知ることで、授業を聞きやすくなり、集中力が持続します。

4. 前半の講義（25分）

話し手は、板書をするとき以外は教壇より前にいなければなりません。

教員から一方的に話すより、時々学生に質問を発してみましょう。ただし、学生に発言してもらうことが目的です。問題を解かせることだけが質問をする目的ではないので、学生が答えられないような難しい質問よりも、やさしい質問や背伸びをすれば何とか答えられる質問を選ぶようにするとよいでしょう。

5. 質問タイム（5分）

学生の集中力は30分までと考えます。ちょっと休んで、5分間何でも質問していい時間を取りましょう。学生は、たとえ疑問があったとしても、教員が促したとしても、他の学生の前で挙手はしないでしょう。隣同士で質問を共有させるなどして、学生に発言させる工夫をしましょう。

6. 後半の講義（25分）

7. 本日のまとめ（5分）

その日の最重要項目（キーワード）に関する解説を繰り返します。必要であれば、さらに深く知りたい人向けの文献を紹介します。それらについてはプリントにも明記しておきます。次回の講義内容を手短に説明し、予習を促します。

8.「小テスト」あるいは「小レポート」（10分）

学習内容が記憶されているかを確かめるために、「小テスト」や「小レポート」を課します。学生にメールアドレスを書いてもらうことで、重要な質問に対して返事を書くことができます。冒頭の小テストと全く同じ内容を出題することで、学生は学習したことを自覚できます。

9. 授業アンケートと終わりの挨拶（7分）

その回の授業の感想、質問・疑問点などを、フィードバック・シート（リアクション・ペーパー）に簡潔に書いてもらいます（小テスト・小レポート用紙の裏面を使うこともできます）。

これらの用紙は、各学生に教室の前まで持ってきてもらうようにします（教壇まで出てきて教員に用紙を手渡してから退室する、というルールにする）。こうして学生が教員のそばまで来る機会を作ると、学生が教員に質問をしやすくなります。

話し方の工夫
→29ページ

質問の仕方の工夫
→29〜30ページ

小テストでフィードバック
→59ページ

授業アンケート
→57ページ

ある教員は、両手できちんと用紙を受け取るようにしています。こうすると最初はぞんざいに用紙を提出していた学生が、最終的には両手で手渡すようになりました。

3-3 講義を「もっと」よくする工夫

(1) キーワードを明示する

● 各回90分間の講義では、扱うキーワードの数を極力少なくします。本当に重要なことをじっくり説明することを講義の主目的とします。実際に話したり、解説したりする時間は、せいぜい60分間と考えておきましょう。

● キーワードが何なのか、講義の冒頭で学生が把握できるようにします。例えば以下のような工夫が考えられます。

- 黒板／白板の左側にキーワードを板書しておく。
- 「本日のメニュー」としてその講義の構成を板書しておく。
- プリントの冒頭にキーワードを太字／大きな字で書く。
- キーワードについての「小テスト」をしてみる。

● キーワードについてクラス全体に質問してみます。授業の冒頭に学生にいくつか質問をして答えさせます。そして一連の質問の最後に、その日のテーマに関してわざと学生には答えられないような質問をクラス全体に投げかけてみると、学生もその質問の答えを探ろうという動機を持って講義を受けることになります。

教員「後ろの列の一番右の学生さん、そうあなたです。××とは何のことでしょうか？」
学生「△△のことです」
教員「そう、そのとおりですね、よくできました。では皆さん、○○とはどういうことですか？」
（ここでは、学生を指名せずに、クラス全体に問いかけてみる。ちょっと間を置いてから）
教員「それでは今日は、この○○ということについて考えてみましょう」

黒板／白板の工夫
→31ページ

プリントの工夫
→32ページ

質問の仕方の工夫
→29〜30ページ

(2) 話し方を工夫する

- 講義とは「話し言葉」による意思の疎通技術なのですから、「十分な声量で」「明瞭な発音で」「アイコンタクトをしつつ」話すことが大前提です。苦手なかたは、講義ノートの隅に「大きくゆっくりはっきり目を見て話す」と書いておきましょう。

- 小・中規模の教室ならマイクはいらないはずです。大きい声を出そうとした方が、発音がゆっくりかつ明瞭になりますし、学生も聞き取ろうという意識を持ちます。ただし喉を痛めている場合など、やむを得ずマイクを使うときには、以下のことに気をつけます。

  - ゆっくり話す。
  - 子音をはっきりと長めに発音する。
  - 口を大きく開けて明瞭に話す。
  - キーワードは特にゆっくり、一語一語区切るようにして発音する。

  大事な言葉や専門用語は、かえって早口になりがちです。気をつけましょう。教室の後ろの学生に話しかけるつもりで話します。最初の授業では「後ろの学生さんは聞こえますか？」と尋ねてみましょう。

- マイクを持って、教室の中をゆっくり移動してみましょう。これは、大教室の場合は特に有効です。教員（話し手）が教壇でじっとしていると、それだけで学生（聞き手）の集中度は下がってしまいます。

(3) 質問の仕方を工夫する

- 「教員が質問を発し、学生を次々指名して答えさせる」というテクニックを使ってみましょう。これによって授業に双方向性を持たせるとともに、学生の集中力を高めます。ただし、質問ばかりでは学生は飽きてしまいます。学生に答えさせる時間が長くなりすぎる前に講義を再開します。

- 学生は、たとえ質問があったとしても、繰り返し教員が促したとしても、他の学生の前で挙手はしないでしょう。このことに失望しないでください。そんなときには、5分間何でも質問していい時間を取りましょう。例えば、中休みの時間を取って教壇まで出てきてよいことにします。

授業アンケートでは、「早口」「不明瞭な発音」に対する不満が多く書かれています。

小さい声では、まるでやる気がないように聞こえてしまいます。

●質問を投げた後、①1人で考えさせる時間を作り、②その後、隣同士のペアで話しあわせ、③いくつかのペアに話しあった内容を発表してもらい全体で共有するという手法があります（Think-Pair&Share）。このように発表前に一度クッションをはさむと発言しやすくなります。

●中規模以下のクラスであれば、毎回（あるいは数回に一度）学生一人一人に質問事項（わからないこと、聞いてみたいこと）や授業の感想を書かせ、教員がそれをチェックし、コメントを書き込んで、次回の授業で返却することができます。このような方法は教員の負担は大きくなりますが、授業アンケートによれば学生の満足度は高いものです。学生に個別に対応することで授業の目標の達成度も高くなります。

●学生の近くに寄りましょう。小・中規模の教室であれば、学生の列の中に入ることができます。大教室でも、ワイヤレスマイクやプレゼンテーションソフトのリモートコントローラーを利用して学生の列に入っていくことができます。繰り返しますが、教員は、板書をするとき以外は、教壇より前にいなければなりません。

●答えやすいように、質問の難易度を少しずつステップアップします。学生に話させること自体が質問の目的です。必ずしも正解させることが目的ではありません。間違ってもいい、という雰囲気を作ることが重要です。以下のようにどのような回答にも必ずポジティブなコメントをつけ、テーマの本筋に引き寄せる工夫や努力が必要です。
「なるほど。そういう考え方もあるんですね」
「面白い意見ですね。○○についてはよくわかったんですが、××についてはどう思いますか？」
「（学生の意見を繰り返して）〜と考えたわけですね。どうもありがとう」

●学生はランダムに指名しましょう。しばらく横や縦の列毎に指名したら次には別のところから始めるようにします。学生番号、今日の日付など、不公平感のない指名の方法を取ります。教員は前の座席ばかり指名しがちですが、それが続くと学生は後ろの席に好んで座るようになります。前の列、後ろの列など、教室のさまざまな場所の学生を指名します。

●ある学生の意見に対する他の学生の意見を引き出すことができれば最高です。「なるほど。今の意見は先の○○さんの意見と重なるものですね。それに△△さんも前回のリアクション・ペーパーに同様の意見を書いていましたね。△△さん補足してもらえますか？」

学生は、誤答することも、正解を言うことさえも忌避する傾向があります。

教員の質問に答えられなくても、その学生を、あるいはクラス全体を、責めてはいけません。そんなことをすると二度と学生は発言しなくなります。

授業中に人権侵害をしない
→35ページ

- よい答えをしたら名前や学籍番号をメモする（「参加」を評価する）こともよいでしょう。名前を覚えて、授業中に「前回○○さんが言っていたように」などと引用します。教室の中に共同体の感覚ができあがりますし、発言をすることに対して、抵抗感が減少していきます。

(4) 板書の仕方を工夫する

- 板書の字は、大きく、ゆっくり、丁寧に書くことが大切です。講義ノートの隅に「大きくゆっくり丁寧に書く」と書いておきましょう。最後列からも十分に読めるように気を配ります。最初の授業の際に最後列の学生に読めるか聞いてみるのもよいでしょう。

- 左端は「本日のメニュー」「本日のキーワード」の専用スペースとし、90分の授業中ずっと消さずに残しておけば、学生が常に授業の流れを把握できます。残りのスペースを半分に、あるいは3分の1に分割して、常に同じ方向（左→右）に板書が移動していくようにしましょう。途中で逆（右→左）に進行しないように気をつけます。

- チョークやマーカーの「色」にも気を配りましょう。図を書くとき以外、色を多用するのはかえって見えにくくなります。白のチョーク（ホワイトボード用には黒マーカー）を主に用い、黄色チョーク（赤マーカー）を強調する箇所に使います。赤や緑のチョークは遠くからは見えにくいですし、色覚バリアフリーの観点からも好ましくありません。

- 黒板・白板を使うときでも、OHP（オーバー・ヘッド・プロジェクタ）・OHC（オーバー・ヘッド・カメラ）を使うときでも、学生には、板書を写し取るために十分な時間を与えるようにします。学生をよく観察してみてください。板書を写すには、教員が考えているよりも長い時間がかかります。学生がノートを取るために手元を見ている間は、話し始めないようにします。その間は板書を読み上げるか、それを補足する程度の説明をします。

　聞くことに専念していて板書を写せなくなったり、写す前に教員に消されてしまったり、ノートを取ることに専念していて聞くことができなくなったりすると、学生は講義がわからなくなります。そんなときには学生が私語を始めるのですぐわかります。

　「講義を聞きながら、重要点をメモに取る」ということは、現在の学生には相当困難であると考えましょう。そのために「大学でのノートの取り方」というスタディ・スキルを教えることが必要になっているのです。

黒板にA4大の字を書いて教室の最後列から眺めてみてください。意外なほど字が小さく見えることに気がつくでしょう。

「本日のメニュー」
→25ページ

学生が私語をしていたら、それは「授業がわからないことを意味する」（＝教員の責任）と、まずは謙虚に考えましょう。

次の授業のために、黒板や白板は消しておくのがマナーです。ただし、消す前に一言、学生に確認しましょう。

大学でのノートの取り方
→105ページ

（5）プリント（印刷物）を工夫する

　黒板や白板に字をきれいに書くのは難しいものです。板書が苦手なかたもいるでしょう。あるいは、板書する時間がもったいない、という意見もあります。

　そういうときには、プリント（印刷物）を作りましょう。OHP・OHCで映し出せば板書の代用になります。パソコンで作成すれば、次回からは改訂するのも楽になります。黒板から離れられるので、学生の中に入って説明することもできます。学生に近づくことで学生の反応を見ることもより容易になります。

> ビジュアルエイドの工夫
> →34ページ

●プリント（印刷物）の最大の利点は、学生が持ち帰って、授業の復習や試験準備に使えることです。授業で扱えなかったことも含めて、重要なことはすべてプリントに書いておきます。

●以下のような内容は、間違いのないように、板書ではなく、印刷物として配布するとよいでしょう。
「最重要項目、キーワード」「聞いても漢字やスペルが浮かびにくい項目」「外国語の専門用語」「その他、難解な専門用語」「参考文献・資料」「メールアドレスやウェブサイトアドレス（URL）」

●キーワードをわかりやすく（字体や大きさを変える、太字にする）。

> キーワードを明示する
> →28ページ

●キーワードをわざと（「　　」）にして、講義中にそこに書き込ませるようにします。重要な項目の一部をわざと空白にしたプリントを作ると、学生はキーワードを聞き漏らさないように集中力が増します。もし欠席しても、空白の部分を中心に自己学習を促すことができます。プリントをあらかじめ配布しておく場合には、空白の部分を予想して埋めてくるように促すことができます。

●狭いところに多くの内容を詰め込みすぎないようにしましょう。図表をぎっしり貼り付けたプリントは読みにくいものです。メモを書き込む余白を十分に作っておくとよいでしょう。

●教員がプリントのどの部分を読んでいるかを理解しやすくするため、印刷物には必ずページ番号を入れ、図表には通し番号を入れます。講義とプリントとは、必ず同じ順序で進行するようにします。

●授業資料は、学期のはじめに「パケット（その授業で用いる資料をすべてまとめたもの）」として配布すると、学生の取り忘れや紛失がなくなり、教員も学生も不愉快な思いをすることがなくなります。シラバスを書きながらパケットも作っておくと、授業全体の流れを自分でもよく把握することができ、十分に計画された授業を行うことができます。

シラバスの役割
→2ページ

(6) ビジュアルエイドを工夫する

　授業の理解を助けるために、さまざまなビジュアルエイドが使えます。映像を授業に取り入れることで、学生の関心を集めることができます。

【ビジュアルエイドの例】

OHP（オーバー・ヘッド・プロジェクタ）
　透明シートの用意は煩雑ですが、接続トラブルが少なく根強い支持を得ています。

OHC（オーバー・ヘッド・カメラ）
　透明シート作成の必要性がなく、文字、カラー写真、図鑑、実験器具など、現物をそのまま投影できます。ただし文字情報は見えにくいことが多いです。

スライド
　写真等を美しく表現することができます。

ビデオ・DVD
　動画を表示する場合に使います。DVDは頭出しが容易にできるなど操作性と映像の美しさに優れています。ただし、映写時間は15分以内が適切です。

パソコン＋液晶プロジェクター
　プレゼンテーション・ソフトウェアの活用で、手際よく授業を進められます。

●入学したての学生は、スライドやパソコンを使ったプレゼンテーションを聞くことにはあまり慣れていません。これらを見ながら同時にノートを取り、そこに提示された知識を覚えることは、学生には無理と考えるべきです。スライドやパソコンを使用するときには、それらの画面に対応するプリントを用意するとよいでしょう。特に、図表については手元のプリントでよく見えるようにします。

●スライドやパソコンを使った講義では、早口になりがち、学生に背を向けることになりアイコンタクトも取らなくなる、部屋や手元が暗いのでノートが取りにくく眠くなりがちというデメリットがあります。スライドやパソコンを使用するときは、それらを長時間使い続けず、適宜照明をつけて通常の講義に戻すことが必要です。

●カラフルなビジュアルエイドが常に学生の理解を助けるとは限りません。場合によっては話し手の期待とは逆効果にもなりうることを、心しておかなければなりません。「スライドやビデオを見せられてばかりで退屈」という授業アンケートの記述もあります。単調にならないように、効果的に使いましょう。

3-4 学生の多様性に配慮する

(1) 障がいを有する学生の受講に対応する

全国の大学で学ぶ「身体に障がいを有する学生」の数は増加しています。支援に際して最も重要となるのは、授業における情報保障です。

- 授業開始時に、学生と話しあいの時間を持ち、学生の要望や必要な配慮事項、支援ボランティアの配置の有無等について確認してください。
- 障がい学生の受講に際して、学生のニーズに応じて、ノートテイカー（授業内容を書き取る人）、手話通訳、移動介助を行う支援ボランティアが配置される大学もあります。
- 授業担当教員による配慮に加えて、同じ授業を受講する一般学生の理解と援助を求める働きかけも重要です。
- 不明な点は、障がい学生のための授業支援に関する相談窓口がある大学に、相談しましょう。

第1回目の授業
→24ページ

(2) 授業中に人権侵害（ハラスメント）をしない

授業を実施するにあたっては、教室の中に多様な性・多様な文化的背景を持った受講生がいることに配慮してください。ここでは①セクシュアル・ハラスメントと、②アカデミック・ハラスメントの二つの人権問題について説明します。

①セクシュアル・ハラスメント

セクシュアル・ハラスメント（以下、セクハラ）は以下のように定義されます。

「セクハラとは、自己の意志に基づく社会的な関係、すなわち大学をはじめとする公的な場における関係のもとで、その関係および地位を利用してかけられる性的言動すなわち性的圧力のすべてであり、行為者が意図したか否かにかかわらず、その言動により、当事者に対して不快感または不利益を与えること」

こうしたセクハラによって学生の「学習を受ける権利」が侵害されるケースもあります。

●言葉によるセクシュアル・ハラスメントとしては、「いかがわしい冗談」の他にも、「固定的な性別役割意識に基づく言葉」や「外観、性行動、セクシャリティに関する不適切な言葉」などがあります。性的なからかい、冷やかし、中傷もこれに相当します。「女というのは～だ」「男らしくない」といった表現はセクハラとなります。

●視線・動作によるセクシュアル・ハラスメントは軽く判断されがちです。しかしそれを受ける被害者にとっては大きな苦痛であり、精神的なストレスになる場合があります。授業中に特定の学生ばかりに視線を注ぐことが、セクハラととられる場合があります。

●セクシュアル・ハラスメントをしないように気をつけることは？
・セクシュアル・ハラスメントに当たるかどうかは、受け手が判断します。
・受け手が嫌がっていることがわかったら、決して繰り返さないことが大切です。
・不快な性的な言動であるか否かについて、いつも明確に意思表示がある（嫌だと拒否する）とは限りません。

●大学の一員として気をつけることは？
・大学内でセクシュアル・ハラスメントについて問題提起をする者をトラブルメーカーとみたり、セクシュアル・ハラスメントに関する問題を当事者間の個人的な問題として片づけないことです。
・大学からセクシュアル・ハラスメントに関する問題の被害者や加害者を出さないように、周囲に対する気配りをし、大学の一員として注意するなど、必要な行動を取るようにしましょう。

●セクハラ以外にも、「出身地」「宗教」「学力」「年齢」などを根拠に学生を不愉快にさせる言動はしないでください。

②アカデミック・ハラスメント

　アカデミック・ハラスメントとは、教育・研究の場において、教育・研究上の優越的な地位にある者が行う不適切な言動・指導・待遇のことです。それによって相手の勉学・研究意識や学習・研究環境を害することがあります。発生する場面は授業や個別指導などさまざまですが、教育・研究という名のもとに学生の人権を損わないように心がけてください。

4

学生の成績評価

この章では学生の成績評価について学習します。
成績評価とは、あらかじめ設定した授業の目標を
学生が学習によりどれだけ達成したかを
測定する行為を示します。
授業の到達目標の明示とそれに基づく成績評価は、
学生との「契約事項」です。
一貫した原則に基づき、明瞭かつ公正な評価を
行う必要があります。

4-1 大学における成績評価の問題点

大学における成績評価については、下記の問題点が指摘されています。

- 評価の原則を教員が十分に理解していない。
- 明確に設定されていない目標に基づいて評価しようとしている。
- 知識のみを評価し、態度、技能の評価があまり行われていない。
- 総括的評価（最終的な評価）が重視され、形成的評価（学習の途中で行われる評価）が不十分である。

このような問題点を解決するために、以下では成績評価に関する基本的内容を学びます。

4-2 成績評価の目的

（1）なぜ評価するのか

評価は学習を支援するための一つの方法です。評価は教員が学生の理解度を確認する以外に、下記の機能を持っています。

- 学生自身が復習をし，授業で学んだことを整理する機会
- 学生が自分の理解度を確認するための機会
- 学生がさらに学ぶ動機を獲得する機会

評価は、学生がその結果をもとに行動を起こすために実施されるものであり、その後の学習を促進するために行われるものです。厳しい成績評価を行う教員が学生に嫌悪されるのではなく、厳しさの意義が学生に伝わらないとき、学生は教員を嫌悪します。また、甘い成績評価も学生の学習意欲を低下させます。

(2) 何を評価するのか

評価は学生が授業の目標を達成したかどうかに対してなされなければなりません。よって、成績評価のそれぞれの項目は到達目標と対応している必要があります。目標が知識の獲得にあるのならそれに即したテストを行うべきです。複数の目標を掲げたならば、複数の評価方法を用意しなければなりません。

> 到達目標
> →7～8ページ

(3) どのように評価するのか

適切な評価は、論理的な展開によりなされます。評価の目的を設定し、評価基準を明確にし、学生の能力を測定する適切な方法を選択した上で評価結果（＝成績）が生まれます。

> さまざまな成績評価の方法→42ページ

評価目的の設定	「何のために評価するのか？」
↓	
評価基準の設定	「どのような基準で評価するのか？」
↓	
評価方法の設定	「どのような方法で評価するのか？」
↓	
評価結果	「目標は達成されたのか？」

(4) 総括的評価と形成的評価

●総括的評価

学期末などに、学習した内容をどこまで習得したのかをテストなどで最終確認する評価のこと。

●形成的評価

学習の途中で、学習状況の移り変わりを調べる小テストなどを繰り返し、学習の質的な管理を行う評価のこと。学生と教員の双方向の評価ともいえる。

（4）いつ評価するのか

期末試験による評価以外にも、評価の目的に応じて評価時期を設定し、シラバスの中で学生に明示することができます。

【時期毎の評価の例】

- プレテスト……授業開始前あるいは開始段階での学生がすでに持っている知識の測定
- 小テスト……毎回の授業段階での理解度の測定
- 中間試験、小レポート等……学期の中間段階での到達度の測定
- 期末試験、期末レポート等……学期の終了段階での到達度の測定
- 成績評価……小テスト、中間試験、小レポート、期末試験、期末レポート等の結果を総合して成績評価し、学期の終了段階に合否判定を行う

（『徳島大学FD推進ハンドブック』（2002）p.58を参照）

> 小テストでフィードバック
> →59ページ

それぞれのテストが、成績にどのように反映されるか、評価の配分割合をあらかじめシラバスに明記しておくことも必要です。

> 成績評価についてシラバスに書く
> →12ページ

例：各回の小テスト…………30点
　　中間試験………………20点
　　レポート課題の提出……10点
　　期末試験………………40点

4-3　テストの基本

大学の授業で一般的に使われる客観試験（テスト）には、メリット、デメリットがあります。

（1）テストのメリット

◎学習した範囲全体から問題が出せる。
◎採点が容易で、採点の信頼度が高い。
◎採点から合否判定までが迅速である。

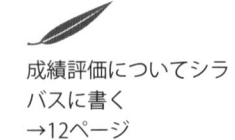

(2) **テストのデメリット**
- ■デタラメ回答による偶然得点がある。
- ■理解の深さの程度を測定しにくい。
- ■推理、表現、論述の能力を測定しにくい。

(3) **テストづくりの流れ**

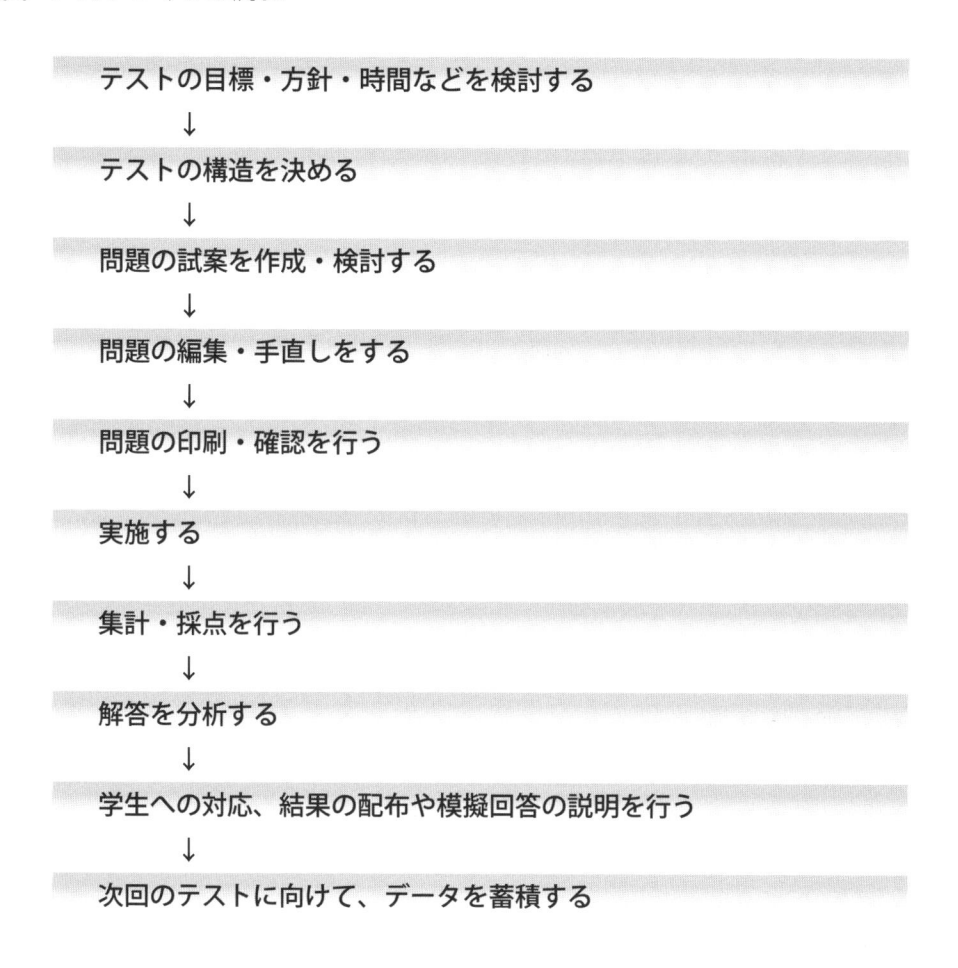

> テストの目標・方針・時間などを検討する
> ↓
> テストの構造を決める
> ↓
> 問題の試案を作成・検討する
> ↓
> 問題の編集・手直しをする
> ↓
> 問題の印刷・確認を行う
> ↓
> 実施する
> ↓
> 集計・採点を行う
> ↓
> 解答を分析する
> ↓
> 学生への対応、結果の配布や模擬回答の説明を行う
> ↓
> 次回のテストに向けて、データを蓄積する

(4) **テスト作成時の留意点**
- ・学習した範囲を網羅する。
- ・学習したレベルとかけ離れた問題を出さない。
- ・理解の深さや程度を測るために、応用問題を含める。
- ・偶然得点を減らすために、○×式よりは多肢選択式がよい。
- ・論述させる問題は、「日本の環境問題について論ぜよ」というような漠然としたテーマでなく、学生が何を書けばよいかわかるように、「日本で2000年代以降に注目されている環境問題を一つ選択し、その現状と解決策について論ぜよ」のようにテーマを限定する。

次のような行為は、学生の自学自習を促します。

◆過去の試験問題の配布
◆学生が自分で作成したA4判メモの持ち込みの許可
◆予想問題の作成を宿題に課す

4-4 さまざまな成績評価

(1) さまざまな評価方法

　　目標の到達度を測定するためには、その目標に応じた方法を選ばなければなりません。以下にさまざまな評価方法の種類を紹介します。

評価方法	内容	対応する学習目標
論述試験	書き取り問題	知識、理解、問題解決能力
口頭試験	面接による試験	知識、理解、問題解決能力
客観試験	国家試験、統一試験などにみられる○×式、多肢選択式テスト	知識、理解
シミュレーション	実際の場面を想定して行動させる	問題解決能力
実地試験	実際の場面で行動させる	問題解決能力、技能、態度、習慣、創造力、応用力
観察記録法	授業中の態度・行動を観察	態度、習慣、技能、表現力、応用力
論文・レポート	文章を書かせる	知識、解析力、叙述力、文献調査力、創造力

(2) さまざまな評価基準

①グループワークの評価基準の例

【グループワークへの参加：30点】

● 教員評価（20点、各5点）
- 準備（課題）をして取り組んでいる（取り組み姿勢）。
- 話しあいに積極的に参加している（積極性）。
- グループに貢献するように作業している（作業能力）。
- うなずき、あいづち、アイコンタクトができている（コミュニケーション能力）。

● 学生相互評価（5点、各1点）
- 話しあいに積極的に参加している。
- 作業を引き受け、グループに貢献している。
- グループメンバーに敬意を示し、グループワークがうまく進行するよう心がけている。
- 作業の質は満足できる。
- 作業の量は満足できる。

● グループワーク振り返りシート（5点）

グループワーク・ピア評価シート
→142〜143ページ

グループワーク自己評価シート
→140〜141ページ

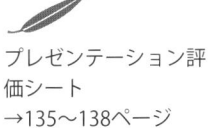

②プレゼンテーションの評価基準の例

【最終発表会の内容：20点】

● 学生相互評価（10点）
● 教員評価（10点）
- 発表の内容をよく準備しているか（周到な準備）。
- 自分たちの独自のアイデアや意見を盛り込んでいるか（内容の独自性）。
- 論旨が簡潔に表現され、わかりやすいか（簡潔明瞭な論旨）。
- 論旨が十分に説得力を持っているか（妥当性・説得力）。
- 発表における態度や時間管理はよかったか（態度・時間管理）。

プレゼンテーション評価シート
→135〜138ページ

③学生配布用の論文評価基準の例

　論述形式の試験やレポートによる成績評価では客観的な評価基準を立てるようにします。

【学生に明示する評価基準の例】

0. 評価以前の常識
(1) 他人の論文、本の丸写しは学生として最も行ってはならないことです。不正行為とみなし、単位認定の対象としません。
(2) 必ずホチキスで綴じて提出してください。

1. 内容

A. 導入部
(1) レポートの目的、扱う問題がきちんと述べられているか。
(2) その問題が扱うだけの重要性を持っているということが、説得力を持って述べられているか。
(3) 本文の構成が手短に書かれているか。

B. 本文
(1) 問題の提示
　・問題は予備知識のない読者にもわかりやすいように丁寧に解説されているか。
(2) 論拠と議論
　・論拠は十分に集められているか。
　・論拠としたデータの信頼性は吟味されているか。
　・データは論旨にとって関連性のあるものか。
　・論拠は妥当か？つまり論拠からきちんと結論が帰結するか。
　・互いに矛盾することが述べられていないか。
(3) 構成
　・本文ではきちんと導入で立てられた問題が扱われているか。
　・本文の各段落は、読者に議論の流れがわかりやすいように配慮されているか。

C. 結論部
（1）結論は、導入部の問いにきちんと対応したかたちで述べられているか。
（2）何が明らかになり、何がまだ明らかになっていないか、今後の課題は何かがきちんと述べられているか。

2. 授業との関連性
（1）これまでの授業内容を理解していることが示されているか。
（2）与えられた課題にきちんと答えているか。

3. 形式
（1）段落分けは適切か。
（2）文頭と文末の対応は取れているか。
（3）誤字・脱字はないか。
（4）注は適切か。
（5）引用の仕方は適切か。
（6）参考文献一覧は適切か。

（池田輝政ら（2001）『成長するティップス先生』玉川大学出版部、pp.141-142を参照）

④プロセスや質の評価を重視するルーブリック評価

　　ルーブリック評価とは、いくつかの評価項目について、各レベルの典型となる状況を評価尺度として記述し、学習者のパフォーマンスを評価するものです。通常、表のかたちで示され、判定結果を丸で囲うようにして採点します。学習プロセスの中の場面を切り出し、それぞれに評価項目を設定します。

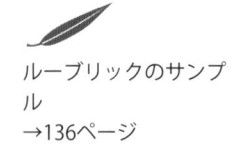

ルーブリックのサンプル
→136ページ

【安全で適切に実験を行うためのルーブリック】

項目	レベルA	レベルB	レベルC
準備	すべての適切な材料が整っており、レポートに記述されている。	すべての材料が出されているが、すべてが記述されているわけではない。もしくは不足していて途中で補充しなくてはならない。	必要な材料がなく、レポートへの記述もない。大きな手抜かりがある。
手順	手順は根拠とともによく考えられており、適切である。	手順はもっと効率よく工夫することが可能であるが、不適切ではない。	不適切な手順である。
安全性			
効率			
・			
・			

●ルーブリック作成のポイント

1）その単元で達成する目標、内容をすべて網羅する。
2）ルーブリックで扱う範囲を決め、表の作成を行う。
　・その単元の評価基準を踏まえ評価項目を作成する。
　・評価項目は誰でも重要と認めているものとする。
　・評価項目は、「過程における努力」や「意欲」を評価できるように工夫する。
　・評価尺度のレベルを3〜5段階に分ける。
3）評価項目の文章が標準的で客観的かどうかを確認する。
　・説明が長すぎず、現実的であるかどうか。
　・学習内容に対して適切であるかどうか。
　・具体的なレベルの違いを示しているか（量的な基準を示す）。
　・異なる人が評価しても同じ結果が得られるか（他の教員に試みてもらう）。
　・学生が自らの学習活動を評価できるか。

(5) よいテストの条件

・妥当性
　学習の到達度を測るのにその問題が適切かどうか。
・信頼性
　同じ集団に対して同じ試験を繰り返し行ってもいつも同じ結果が得られるか。
・客観性
　誰が測っても一定の結果が計測できるか。
・効率性
　評価が容易で、経済的にも時間的にも実用的であるか。

　テストを実施する前に以下のチェックリストで確認するとよいでしょう。また、はじめて作成したテストの場合、同僚に試験問題を解いてもらうこともお勧めします。

【テストを実施する前のチェックリスト】

☐ 事前に学生に予告したとおりの形式になっているか。
☐ 学生が授業全体で獲得した知識やスキルによって解答することが可能な問題になっているか。
☐ 問題の分量は適当か（自分で解いてみて、制限時間の70％程度で終了できたか）。
☐ 問題文の指示はあいまいでないか、誤解を招かないか、それぞれの問題の配点が明記されているか。
☐ 解答欄のスペース配分は適当か（十分なスペースがあるか。あるいは逆に、短い答えを想定している問題に多くのスペースが割り当てられてないか。どこに何を答えるかが明確に指示されているか）。
☐ 問題の難易度は適切に分布しているか。
☐ やさしい問題から難しい問題へと配置されているか。
☐ 問題自体が取り組む気持ちにさせる興味深いものになっているか。

（池田輝政ら（2001）『成長するティップス先生』玉川大学出版部、pp.133-134を参照）

4-5 成績点と合否判定

（1）絶対評価と相対評価

受験者の試験得点は、ふつう正規分布を示さず2層、あるいは3層の分布を示します。これは勉強したいという高い意志を持つ学生や、途中で学習を半ば放棄する学生がいるときに起きる現象です。クラスの得点分布を見て、適切な合否判定方法について考えましょう。

●絶対評価

目標の達成度を基準に評価する。合格点の範囲内で得点分布を調整せず、得点そのままの値を成績の評点とする。

●相対評価

集団の中での位置づけを基準に評価する。得点の頻度分布をとり、生じた分布により成績を段階に分ける。

通常の試験では絶対評価が採用されますが、態度・習慣や技術・表現力などの評価には相対評価が使われることがあります。

（2）テストの水準設定方法

●修正イーベル法

試験問題を1題ずつ内容の必要度と難易度の両面からそれぞれ3段階の表で分類し、必須で平易な問題に期待される正答率を0.8（最高）、普通で困難な問題（難問）のそれを0.3（最低）として、試験の質を判定する方法。必須で困難な問題は存在しないと考える。

修正イーベル法による期待正答率

必要度＼難易度	平　易	中　等	困　難
必　須	0.80	0.70	---
重　要	0.70	0.60	0.50
普　通	0.50	0.40	0.30

(3) 成績点の開示

①成績点の公開

成績点を公開するときは、必ず事前に学生に話し、許可を取ってください。順位の公開、高得点者の発表も同様です。

②答案の返却

成績点や答案は試験終了後、学生に返却することが原則です。その際に、答案のコピーを保存したり、電子ファイルとして保存しておくことで、学生からの問い合わせや抗議に応じることができます。

> 答案の電子化にあたっては、高速スキャナがあると便利です。

③成績判定資料の保管

成績判定に用いたテストなどは、一般的に公文書として5年間の保存が義務づけられています。

④成績評価への学生からの申立て

学生が成績評価に対して申立てに訪れたら、まずは学生の言い分を聞きましょう。その後で、答案用紙を見ながら採点基準を説明しましょう。基準をずらしたり温情で成績をつけかえたりすることは学生のためになりません。また、「あの先生は交渉次第で何とでもなる」という噂が学生間に広まることにもなります。厳密な成績評価が叫ばれる中、それは問題です。あくまでも基準に従った成績評価を心がけましょう。

(4) GPA制度

GPAはグレード・ポイント・アベレージの略です。グレード・ポイント（GP）とは、授業科目ごとの段階評価（例えば秀・優・良・可・不可・評価しない）を4・3・2・1・0のような点数に置き換えたものです。

従来日本の大学の卒業要件は取得単位数だけであり、成績は関係なく卒業できていました。ところが、GPA制度では、不可も0点として成績に加算されるため、学生の学習への取り組み状況が明確に把握できることになります。この制度を用いて、進級や卒業の水準を定めたり、学習支援の必要性を判断するなど、大学教育において大きな力を発揮する可能性を持つ方法です。もちろん、GPA制度を導入するためには厳正な評価が行われていることが前提となります。

(5) 不正の防止

- 試験のやり方が不適切な場合、不正行為を生むことがあります。普段の授業の運営において、学生が個人として扱われているという自覚を育てておくことも大切です。教員の無関心が学生の不正行為につながることも否めません。不正行為をしようと思わせない努力を日頃から心がけることが大切です。

- 試験の開始前に、不正行為が禁止されていること、どのような行為が不正とみなされるかなどについて説明します。このことも不正を予防する効果があります。

- 試験中に生じた不正行為の取り扱いについては所属組織に規則があります。個人で恣意的な処分をしないよう気をつけてください。

- 不正行為防止のための特効薬はありませんが、以下にいくつかの防止案を挙げます。
  - 試験のあいだ受験生の机の間を歩いて、監督者が見ていることを知らせる。
  - カンニングと疑われるような行為をしている学生が現れたら、その学生の横にしばらく立って見る。
  - 解答用紙への記名を確認したり、試験終了直後にその場で解答用紙を回収し出席人数と解答用紙の枚数を確認する。

- 不正行為が起きてしまったら、やめさせることが大切です。カンニングは現行犯なので、後日の呼び出しは効力がありません。

(6) 課題提出をめぐるトラブル

　課題の提出をめぐるトラブルにも、①提出期限を守れない、②提出したはずのものが教員の手元に届いていない、③剽窃の疑いがあるなどのトラブルが考えられます。いずれも、評価基準を明示し、学生との約束事を明確にしておくことにより防ぐことができるでしょう。学生の側にも、提出物のコピーを手元に残しておくことを勧めるといいでしょう。

5

授業の振り返り

これまで授業のデザイン、実施、成績評価について学んできました。しかしながらそれで終わりではありません。授業を振り返ってみましょう。そのことで得られる知見は次の授業の改善にとって有益なものになるはずです。
このサイクルが途切れることなく繰り返されてこそ改善・進歩があります。
「振り返り」は授業にかかわる一連のプロセスに本質的要素として含まれるべきものです。

5-1 授業を振り返る意義

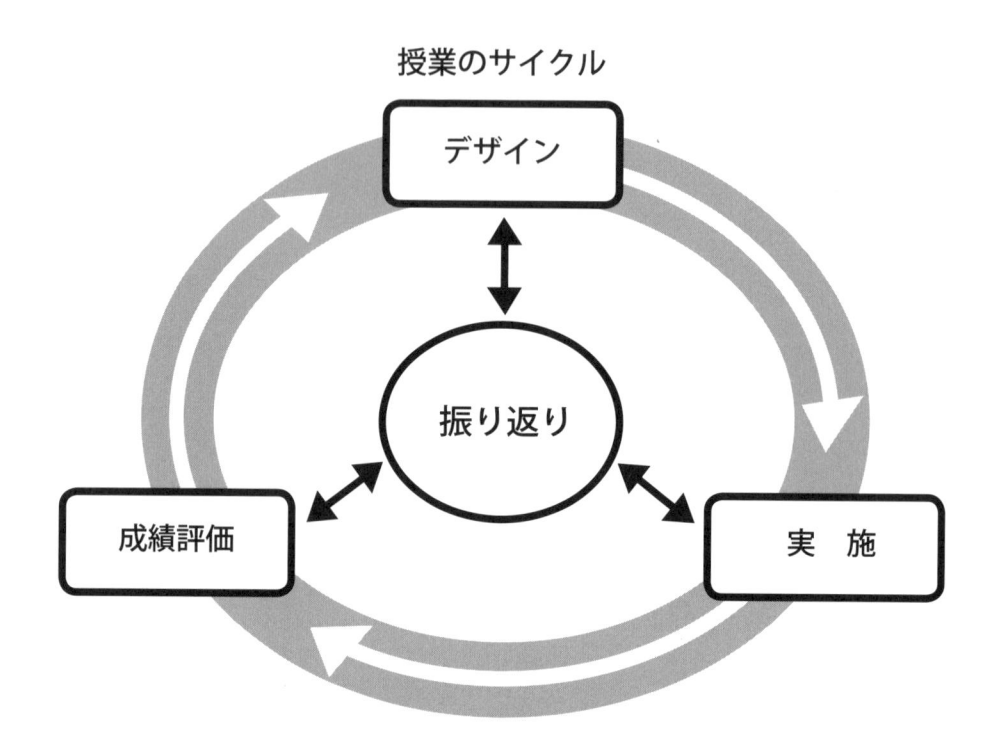

授業のサイクル

```
      デザイン
    ↕
  振り返り
  ↕        ↕
成績評価    実 施
```

　自分では完璧と思っていても客観的には不十分、ということは世の常です。授業を振り返ることで良かった点と改善点を冷静に分析し、振り返りから得られた知見を次回に活かすことには次のような意味があります。

①振り返りにより、次回の授業の不十分なところを補う。
　　毎回の授業の振り返りや、数回の指導・活動の区切り毎の振り返りをすることで、その結果を踏まえて次回の授業の修正が可能です。授業中に気づいた問題点は、授業終了直後に修正してしまいましょう。次回、慌てて見直し、修正する手間を省くことができます。

②振り返りにより、学生とのコミュニケーションを促進し、参加意識を高める。
　　授業の成否には、それへの学生の取り組み・参加のあり方も大いに関係します。授業の後で、その振り返りの一環として学生に授業についての質問、感想、提案、要望等を募り、それらに真摯に応じるという循環が生じた場合、学生は次第にその授業への関心、参加意識を高めます。

教員と学生との間で人間関係が生じ、そこに教員への尊敬、親しみ、信頼といった要素が生じてくるからです。こうした良好な人間関係は効果的な学習に有効です。

そうなると、教員にとっても学生は「無名の大衆」ではなくなり、個々の人格を持った具体的存在として意識され、これが再びコミュニケーションを促進させます。

③振り返りにより、授業全体をデザインし直すための反省材料を得る。

授業が終了した後、その全過程について振り返ってみることにより、次回担当する授業の全過程をデザインし直すために有益な知見が得られます。この振り返りのサイクルを繰り返すことで、私たちは授業の質を一歩ずつ改善していくことができます。こうした絶え間ない小さな努力は学生にも伝わっていくでしょう。

5-2 振り返りの方法

　授業をデザインし、実施し、成績を評価し、それを見直して次の改善に結びつけるというサイクルは多様に設けられるべきです。授業全体についてだけでなく、1回の授業毎、あるいは学習の区切り毎に、意識的に振り返り、見直す機会を作るとよいでしょう。

　振り返りとは基本的に自己分析という行為ですが、いくつかの方法を併用することにより、授業の実態をより正確に、多角的に捉えることができます。

(1) ビデオ録画による自己分析

　ビデオカメラで授業撮影をしてみましょう。これにより、自分の授業を客観することになり、授業中には気づかなかったいろいろな点（説明のしかた、声の大きさ・明瞭さ、視線の向き、顔の表情、板書の適切さ、学生の様子等）が見えてきます。1台のカメラで教員を撮影し、もう1台のカメラで学生を撮影すると、授業のどの部分で学生の学習意欲が低下するのかを分析することもできます。その際、授業アンケートの評価項目をチェックリストとして使ってみましょう。自己評価と学生による評価との間で大きな差が生じたなら、そこから有益なヒントを得ることができます。

　ビデオ録画による自己分析は、学生の視点から自らの授業を捉え直すことです。自分自身を直視することには心理的抵抗が働き、勇気を必要とします。しかしながら、他の教員やコンサルタントの力を借りずに振り返りができる効果の高い方法です。

　一方、大学に設置されている大学教育センター等ではビデオ撮影のサービスを提供していることがあります。相談してみましょう。

> 学生の姿をビデオ録画する場合、了承を取る必要があります。

(2) 同僚教員による授業参観と検討会

　一つの授業を複数の眼で見ることにより、その分析に客観性・妥当性が増します。同僚による授業参観とその後に開催される検討会では、具体的な事例に即したやり取りが行われるため、参加者全員が具体的かつ有益な知見を得やすく、これを積み重ねていくことは教員集団全体の教育力の向上につながります。

　また、多くの場合、それに参加する同僚教員は、その授業の内容についての専門家です。したがって、そこでの検討内容は単に授業の技術についての問題にとどまらず、内容構成上の問題、さらに他の科目との関連、調整の問題にまで及ぶ可能性があります。こうなると、それは個々の授業の合評会・検討会であるにとどまらず、カリキュラムの設計、運用にかかわる討議の場へと発展していくでしょう。これは、組織全体の教育の質の向上にとって重要なことです。

　同僚に授業参観を呼びかける場合は、無限定に参観を募ることもできますし、責任を持って授業改善に協力してくれる2～3名の同僚に参観を依頼することもできます。それぞれメリット、デメリットがありますので、目的に応じて呼びかけ方法を選択します。

(3) コンサルタントによる分析

　自己分析では主観的な分析になってしまう可能性があります。また同僚よる分析は、同僚であるが故に指摘しにくいこともあるでしょう。また後述する学生による授業アンケートでは、学生が真剣に記述しない場合があり、教室の中での出来事を正確に把握できない可能性があります。

　大学教育センター等ではコンサルタントによる「中間期の振り返り」サービスを提供しているところがあります。これは、全授業の中間頃に、第三者であるコンサルタントが教室に入り、学生から直接コメントを聞き取るものです。この間、教員は退出します。手順は次のとおりです。時間は20分程度かかります。

【中間期の振り返りの流れ】

①コンサルタントが、学生に5〜6人で1グループになるように伝える。
②「あなたの学習意欲を促進させた教員の言動」と「あなたの学習意欲を低下させた教員の言動」を個人で考えさせ、その後グループ内で話しあわせる。
③グループ内で出た意見の概要をグループ毎に発表してもらう。
④コンサルタントは、発表内容を黒板に書き出し、クラス全員が納得できるかどうか尋ねる。
⑤コンサルタントは、内容をメモし、退出する。代わりに授業実施者が入室し、授業を始める。
⑥コンサルタントは速やかに内容を文書化する。授業終了後に、コンサルタントは授業実施者に会い、学生のコメントを手渡す。
⑦授業実施者は、次回の授業で、学生のコメントについて必ずコメントをする。

　授業アンケートに比較して、精度が高く、かつ大量の情報を収集することができます。すでに、このサービスを利用した教員は「建設的な具体策を学生が書いてくるので改善につながりやすい」「実施後は学生の授業への取り組みも真面目になった」「他人が異なる価値観を持っていることを理解したようだ」「学生にとってもしっかりしたコメントを言う訓練になる」と述べています。もちろんコンサルタントは知りえた情報を本人以外に伝えることはありません。

(4) 学生からの評価

　授業は学生に対し、学生のために行われるものです。したがって、授業の分析においては、学生が授業の進め方についてどのように感じているか、その理解の程度・状況はどうかをまず把握しておかねばなりません。特にそれが授業実施の直後に行われた場合、実態を直接かつ具体的に把握することができ、次回にはそれをもとに適切に改善を行うことができます。また、こうした直接の対応はすでに述べたコミュニケーションの促進、参加意識の喚起にもつながります。

　授業の進め方の適否について判断・評価、授業内容の理解の程度・状況を調べる方法はいくつかあります。それぞれのメリット、デメリットを知り、学生数や授業の形態・内容を考慮して採用しましょう。

①アンケート

　アンケートは、あらかじめ自らが気になっていることについて質問項目を用意し、学生に所定の箇所・記号に記入・マークを求め、集計して状況を把握する方法です。回答をスキャナーで読み取り、その結果をパソコンで集計することができますので、大人数の授業についても質問紙・回答紙を使って、頻繁に実施し、迅速に処理・集計することが可能です。その際、気をつけねばならないことは以下の点です。

- ●質問は具体的で明確であること。
  　質問自体が抽象的であったり多義的であれば、回答を得られても具体的で有効な対応は困難となります。

- ●評価・判断の基準は明確であること。
  　基準が明確でない回答は不安定であり、そこにノイズが介入してしまいます。

- ●学生の自由意思による回答とプライバシーの保持を保障する。
  　教員としては全員回答を求めたいところですが、回答したくない学生の意思も尊重されるべきです。また、アンケートの記載内容は個人情報ですので、個人が特定されないようにデータを処理する必要があります。
  　回答用紙に記名させるかどうかは、それぞれメリット、デメリットがあります。目的や学生との関係に合わせて選択します。

参考までに、質問項目の例を以下に挙げます。項目によっては自由記述を求めることもあり得ます。

- 授業の冒頭に、学習目標の説明（プリントでもよい）がありましたか？
- 授業の学習目標は達成されましたか？
- 授業から、教員の熱意、教えようとする気持ちが伝わってきましたか？
- この授業により知的に刺激され、さらに深く勉強したくなりましたか？
- この科目の授業をあなたはどの程度理解できたと思いますか？
- 授業のスピードは適切でしたか？
- 教員の話す声がよく聞き取れましたか？
- 口頭での説明はわかりやすく、ノートが取りやすかったですか？
- 板書の字は読みやすく、ノートが取りやすかったですか？
- 配布物はよく準備され、授業内容を理解するのに効果的でしたか？
- パソコンやDVD等はよく準備され、効果的に使われましたか？
- 教員は積極的に学生の参加（質問、発言、討論）を促しましたか？
- 教員は学生（あなた自身や他の学生）の質問・発言に適切に回答したと思いますか？
- この授業にどのくらい積極的に参加しましたか？
- 教員や授業について、意見があれば自由に書いてください。

　評価・判断の基準を5段階にすると、中間にチェックをする学生が多くなるため、改善を強く意識した場合、4段階にスケールを設定することもあります。

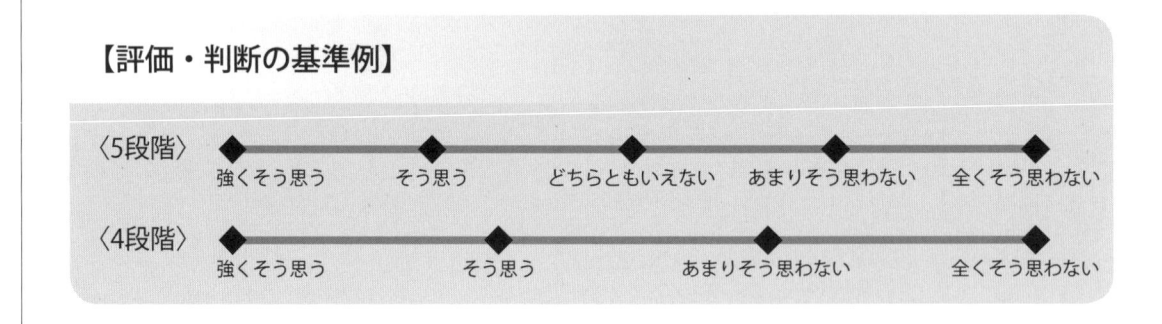

> 授業技術に関する項目（話し方、板書、など）については、同じ内容で学期の間に何度か繰り返して質問すると、自分の授業スキルの変化を実感できます。

【評価・判断の基準例】

〈5段階〉　強くそう思う　／　そう思う　／　どちらともいえない　／　あまりそう思わない　／　全くそう思わない

〈4段階〉　強くそう思う　／　そう思う　／　あまりそう思わない　／　全くそう思わない

②小テスト

　毎回の授業の終了時に、その授業の中心的テーマ・内容にかかわる小テストを実施してみましょう。その結果は、学生にとっては授業への参加、取り組みのあり方について自らを問い直す契機となります。教員にとっては自らが実施した授業内容の理解・定着の度合いを知る資料となり、次回教えるべき点が明らかになります。

③質問紙

　紙を配布し、「よくわからなかったところ」と限定して記述を求めることにも小テストと同様な機能を期待できます。質問がないかと問われて答えない学生でも、質問紙を渡すと具体的な質問や疑問点を書いてくることはよくあります。

● 授業そのものに学生の参加意識が乏しい場合、学生の理解度と授業内容に著しい落差がある場合、出された質問への教員の個々の対応が不十分な場合は、質問の記述を得ることができないこともあります。日頃から質問をしやすい雰囲気を醸成しておきましょう。

● 授業内容についての意見、感想を募ることも重要です。意見、感想の記述は、学生に授業内容の再現、それに関連する自分の経験の想起、思いの表現を迫り、その理解・定着を促進します。自由に記述させる場合、「楽しかった」「勉強になった」という表面的なコメントにとどまることもあります。それを避けるためには、①発見したこと、②疑問に思ったこと、③想い出したこと、④宣言したいこと・やってみたいと思ったことを、それぞれ書かせるとよいでしょう。学生のコメントは次回の授業の冒頭で紹介する時間を作りましょう。質問に回答したり、補足説明することで前回の授業の振り返りの時間を確保できます。それらを記載したプリントを配布することもできます。

● 個々の学生毎にカードを作りそこに教員と学生の双方の記入欄を設けて毎回の授業毎に返却と提出を繰り返す方法（シャトルカード、大福帳）、インターネット上に電子掲示板を設け、質問・意見・回答を出し合ったり討論したりするという方法もあります。いずれも、学生が多い場合は処理・対応に時間がかかります。毎回ではなく、学期に数回の実施でも効果はあります。

シャトルカード
→60～61ページ

ある教員は150人の授業でも毎回学生のコメントに一つ一つ対応し、好評を得ています。

シャトルカード

———————————————— ———— 年度（前期・後期・集中）

授業科目		曜日・時限	・	教員名	
学部・学科	・	学生番号		氏名	

月/日	発見、疑問、質問、その他何でも教員へのメッセージ	あなたへのメッセージ
1 /		
2 /		
3 /		
4 /		
5 /		
6 /		
7 /		

シャトルカード

月/日	発見、疑問、質問、その他何でも教員へのメッセージ	あなたへのメッセージ
8 /		
9 /		
10 /		
11 /		
12 /		
13 /		
14 /		
15 /		

原版は岡山大学教育開発センターFD委員会が作成した「授業改善のためのティーチングチップス集」
(http://cfd.cc.okayama-u.ac.jp/fd/tc/2005/) で紹介されている。作成元からの了承のもと、汎用版として作成し直した。

6

スタディ・スキルとは何か？

本章では、スタディ・スキルとは何か（定義）、
なぜスタディ・スキル教育を実施する必要があるのか（意義）
について学習します。
またスタディ・スキルと合わせて教えることが
有効とされているソーシャル・スキルについても学習します。
スタディ・スキルやソーシャル・スキルは、
初年次の学生に教えることが一般的ですが、
高年次までに何度も繰り返し教えることで
定着度は高まります。

6-1 なぜ新入生にスタディ・スキルが必要なのか

(1) 高校までとは異なる学習方法

　当然のことですが、多くの新入生は数週間前まで高校生だったのです。一般的にいって、中等教育ならびに予備校での授業の多くは、受動的な学びを前提としています。よく準備された教科書・教材、カラフルでノートの取りやすい黒板の記述、意見を求められることがほとんどない授業。ところが、大学での学習形態は多様です。自らの意見表明を求められる少人数のディスカッション、意見交換を目的としたグループワーク、板書のない講義、学外でのフィールド・ワーク、レポート作成、プレゼンテーション。多くの新入生にとって、これらのすべてが新しい学習方法なのです。

(2) スタディ・スキルを教える意義

　スタディ・スキル（学習技能）は、教えられたことはないし、教えられるものではないという意見を持つ教員の方も多いでしょう。私たちの多くは、指導教員、先輩の大学院生・学生がやっている学習方法を「見よう見まね」で、身につけたのではないのでしょうか。しかし、大衆化した現在の大学において、教員や大学院生はロールモデルにはなりにくいのです。また先輩・後輩や友人同士の関係、教員と学生との関係といった人間関係は、学生数の増加やコミュニケーション能力の変化によって希薄化してきており、「見よう見まね」を期待することは困難になっています。ここに授業としてスタディ・スキルを教える意義があります。

(3) 早期からの教育で定着度を向上させる

　学生に卒業研究を課す段階で、学生のスタディ・スキルの未熟さに驚き、嘆く教員も多いようです。しっかりとした日本語が書けない、図書館で資料を検索することができない、ディスカッションができない。しかしその段階ではすでに遅いのです。卒業研究をしながらスタディ・スキルを学んだ学生はこういいます。「もっと早くからこういうことを教えてくれたら、私の大学生活は全く違うものになっていただろう」。

　新入生の段階で、しっかりとスタディ・スキルを学習し、通常の授業や学生生活で繰り返し応用していくことで、そのスキルは定着することでしょう。早期からのスタディ・スキル教育を実施することで、私たちは、学生の生活をもっとアカデミックなものにすることが可能なのです。

(4) キャンパスでの成功を規定する二つの要因

　先行研究によれば、大学生の中退を防ぐ要因として、次の二つが挙げられています。一つ目は、大学での学習技能、すなわちスタディ・スキルの獲得であり、二つ目は、キャンパス内での社会性の獲得です。つまり、大学での成功者とは、スタディ・スキルとソーシャル・スキルを兼ね備えた学生ということになります。この二つの要因から学生のポジショニング・チャートを作ってみましょう。

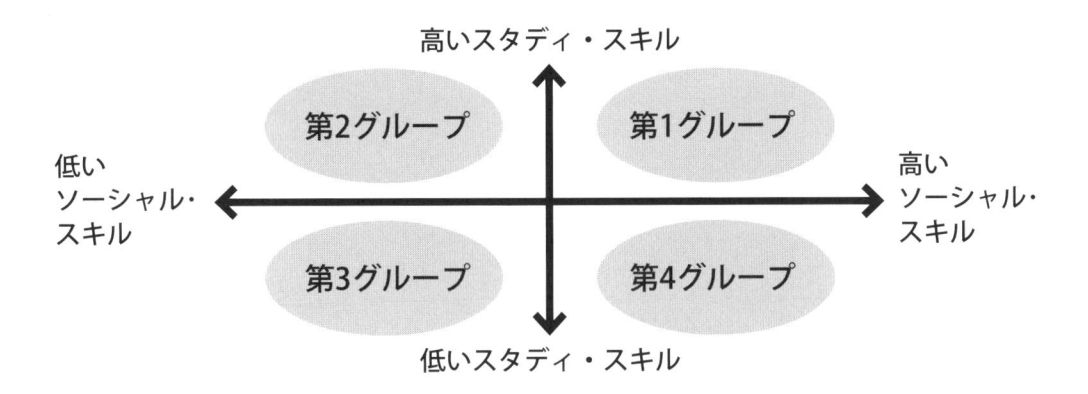

```
                    高いスタディ・スキル
                           ↑
           第2グループ  |  第1グループ
  低い                    |                    高い
  ソーシャル・ ←――――――――+――――――――→ ソーシャル・
  スキル                  |                    スキル
           第3グループ  |  第4グループ
                           ↓
                    低いスタディ・スキル
```

　これまでに出会った学生を思い浮かべながら読んでみてください。

　第1グループは、スタディ・スキルもソーシャル・スキルも高い学生です。豊富な友人関係や教員との人間関係を上手に活用し、身についたスタディ・スキルを十分に活用して、目標を達成できる学生です。さらに高い両スキルを身につけて、他の学生の学習をリードしてもらう必要があります。

　第2グループは、スタディ・スキルは高いけれども、ソーシャル・スキルが低い学生です。高校時代に成績優秀であったけれども、大学での友人づくりがうまくいかず、孤立している学生がここにあてはまります。能力はあるにも関わらず、ふとしたきっかけで大学を辞めていくケースも多いのです。

　第3グループは、スタディ・スキルもソーシャル・スキルも低い学生です。孤立しており、学習もままならないという最も危険度の高い学生です。初年次教育のニーズが最も高い学生であり、学習後の満足度が最も高い学生です。

　第4グループは、ソーシャル・スキルは高いけれども、スタディ・スキルが低い学生です。学習につまずいても、友人関係を頼りにして課題を遂行させることはできますが、これではいつまでたっても「自主的な学習者」にはなり得ません。このグループの学生にも、スタディ・スキルを身につけてもらう必要があります。

6-2　スタディ・スキルとは？

　スタディ・スキルとは、大学で主体的、能動的に学習するために必要とされる技能のことであり、以下のような能力に具体化されます。

(1) 聴く
　メモ・ノートテイキング技法……情報を主体的に、わかりやすく、迅速に記録する技能。
　質問術……相手に伝わりやすく、回答を引き出しやすい質問をする技能。

(2) 読む
　読書法……文章類型や読書目的に対応させて読む技能。

(3) 調べる・整理する
　図書館利用法……図書館の基本的な利用ができる技能。
　図書館活用法……図書館を十分に活用する技能。
　資料・文献の探し方……的確に迅速に求める情報を検索する技能。
　情報収集法……的確に迅速に情報を収集する技能。
　情報整理法……収集した情報を活用するために整理する技能。
　アイデア発散・収束法……アイデアを想起し、まとめあげていく技能。

(4) まとめる・書く
　レポート作成法……相手にわかりやすいレポートを作成する技能。
　レジュメ作成法……相手にわかりやすいレジュメを作成する技能。

(5) 表現する・伝える
　自己表現法……自己を効果的に表現する技能。
　プレゼンテーション技法……わかりやすく、相手に伝える技能。
　話し合いの技法……集団の話しあいの中で、共感できる部分を探しながら、合意形成をしていく技能。
　ディスカッションの技法……集団の話しあいの中で、相手と自分の異同を明確にしながら論を進めていく技能。

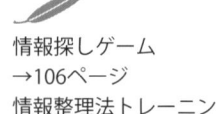

大学でのノートの取り方
→105ページ

情報探しゲーム
→106ページ
情報整理法トレーニング
→108ページ
アイデア発散・収束技法
→107ページ

要約力トレーニング
→111ページ
レポート作成のポイント
→114〜119ページ

プレゼンテーションのコツ
→130〜134ページ
ディベート入門
→125ページ

(6) **考える**
　　グループワークの技法……メンバー間で役割分担をしながら目的を遂行していく技能。
　　批判的思考力……ものごとを鵜呑みにせず、常に疑うことを忘れずに考えていく技能。

(7) **覚える**
　　記憶術・テスト勉強法……一夜漬けに頼らずに、確実に情報を記憶する技能。

(8) **時間を管理する**
　　時間管理法……自らスケジュールを立て、時間通りに実行していく技能。

　本書の資料編では、これらのスタディ・スキルを教える授業事例と教材を紹介しています。すでに大学で実践されている事例ですので、活用してください。

グループワークの技法
→140〜142ページ

週間学習計画シート
→146〜147ページ

6-3 ソーシャル・スキルとは？

　ソーシャル・スキルとは、人間関係を円滑に進めていくための技能のことで、他のメンバーと協力しあいながら共通の目標を達成するために、相手の立場を思いやり、チームの中で自分の果たすべき役割を考え、責任ある行動をするスキルです。

　最近のキャンパスはさまざまなタイプの学生であふれています。しかし、将来の職業や未来の自分の姿について明確な自覚を持っている学生は、以前と比べて減っているようです。また、社会環境の変化に伴い、幼少期から人との関わりや実体験を得る機会が少なくなっていることや、親への依存が高まっていることも指摘されています。その結果として、「人とうまくつきあえない」、「人の噂が気になる」、「無気力」など、さまざまな心の問題を抱えている学生が増えています。

　さらに、学生生活を能動的に送れず、自己の目的を達成できないまま学修を終えたり、不登校や不本意な休退学をする学生が増えたりするという問題も生じています。今日の学生は、自由で豊かな時代を生きながら、他者とのつながりを希薄化させ心の悩みに遭遇するという新しい問題に直面しているといえましょう。

　これからの大学では、学生に知識を教授するのみならず、忍耐力、意思伝達力、折衷力、決断力、適応力、行動力、協調性など、複雑化した社会で生き抜くための基本的能力の育成に努めていくことが求められています。米国の大学では、下記のようなテーマを通して教えられるソーシャル・スキルは初年次教育の重要な要素として位置づけられています。

・人格発達・自己認識
・大学への移行
・キャリアの発見
・多様性への気づき
・健康管理
・目標の設定
・人間関係・葛藤の解決の仕方
・価値づけ
・共同体への奉仕
・文化的なイベント体験

6-4 成功するスタディ・スキル教育のコツ

(1) 講義をできるだけ少なくする

　米国等で実施されているスタディ・スキルを教える科目（フレッシュマン・セミナー、初年次セミナー等の名称で呼ばれている）では、授業時間いっぱい講義を行うのではなく、学生の活動・作業を含めることが多いようです。スキルの獲得を目的とした教育ですから、講義は短めにして、学生に実際にやらせてみる、そしてそれを評価する時間を十分に確保すると良いでしょう。また授業実施期間中にそのスキルを使う場面を複数設定することで、そのスキルは定着するでしょう。

　この科目は、知識を提供することが目的ではなく、学生に知識を応用し活用してもらうことが主目的であることを忘れないでください。ここでは教員の役割は講師（インストラクター）よりもファシリテーター（学習活動の促進者）に近いでしょう。

(2) 学習者の文脈にあわせる

　スタディ・スキルだけを取り出して教えても意味がないという意見があります。スキルには、他の場面でも有効な転移可能なスキルと、文脈に固有のスキルがあります。本書資料編で示した事例は、どの学問分野においても、また将来の職場においても、転移可能な基本的なスキルに関わるものばかりです。

　もちろん、受講生にあわせて扱う教材や課題を慎重に選定し、「受講生にとって文脈のある学習」を構成することで、よりスキルを定着させることが可能となります。その際、①過去、学生がどのような経験を持っているのか、どのような知識を保有しているのか、②現在、学生がどのような関心を持っているのか、どのような文化に接しているのか、③将来、学生が希望している進路は何かといった、「目の前にいる学生の文脈」を、初回の授業の際に聞きだしておくと有効です。

(3) 学生との距離を小さくする

　可能な限り学生の顔を覚えて、名前で呼ぶようにしましょう。短い時間であってもオフィスアワーに個別面談する時間を作ると距離感を縮めることができます。また食事を一緒に取るのも有効です。教員は積極的に自己開示をしましょう。自分の学生時代の話をするのも良いでしょう。

　少人数授業の場合、この小さな距離感が逆効果になる可能性があります。雰囲気が悪くなった場合、学生にとっては逃げ場のない苦しい環境にもなりかねません。学生がリラックスして自己を表現できるような環境づくりに努力しましょう。

(4) 教員が良きモデルになる

　最も有効なスタディ・スキルの教育方法は、教員であるあなたがモデルとなることです。時間管理法を教える教員が授業に毎回遅刻してきたり、プレゼンテーションを教える教員が言葉に詰まってしまったりするようでは、説得力はありません。自分の得意なスタディ・スキルのみを教えることは望ましくありません。学生にとって必要なスキルはすべて教える必要があります。教える際には次のようにいうと良いでしょう。「残念ながら私もこのスキルは不十分だけれども、日々高めようと努力をしています」。学生は、教員もが常に学び続けているという真摯な姿勢に学ぶでしょう。こうした生涯学び続ける姿勢こそ、初年次教育を通して学生に身につけてもらいたいものなのです。

(5) 先輩学生をモデルにする

　もし、スタディ・スキルの授業に参加してくれる先輩学生を知っているのであれば、積極的に教室に来てもらいましょう。新入生にとって、教員は遠すぎる存在です。1年後あるいは数年後の自分をイメージさせる先輩学生は最適なモデルです。体験談を語ってもらうだけではなく、新入生からの簡単な相談に対応してもらったり、初回の授業でのアイスブレイカー（緊張を解きほぐす役割）の役割を担ってもらったりすると良いでしょう。他者に教えることは最も有効な学習方法です。先輩学生にとっても、この経験がスタディ・スキルを再度身につける有効な機会となります。もちろんモデルとなる良き先輩学生をよく選ぶことが最も重要であることは言うまでもありません。

(6) 目標を明確にする

　多くの学生は、スタディ・スキルを学ぶ必要性を理解していないかもしれません。初日に、教員や先輩学生の体験談を交えながら、学習目標を明確にする時間を確保しましょう。また毎回の授業の冒頭においても、目標を確認します。作業が多いコースの場合、ややもすると体験が先行してしまい、「楽しかった」との感想で終わりということにもなりかねません。

　さらに学習の必要性はないと感じている学生もいるでしょう。高年齢の学生にそのような傾向があります。その場合は、最初に課題を出して、本当にスキルが身についているのか自覚させることが有効です。完璧にスキルを身につけている学生はそう多くはありません。多くの学生は、自らのスキルの不足に気づき、それを伸ばしたいと思うはずです。

(7) リフレクションの機会を作る

　毎回、異なったスキルを学習することは、新入生にとっては大変な作業です。1回の授業で扱うスキルは一つが望ましいでしょう。そして、毎回授業の終了前の10分程度は、リフレクションの時間として確保しましょう。新たに発見した点、分からなかった点などを紙に書いて提出してもらいます。たとえ少人数であったとしても、新入生はまだ大学教員とのコミュニケーションに慣れていないので、この手法が有効です。コメントをつけて次回返却することで、学生との距離感を縮めることができます。

　最終回の授業では、「個人の振り返り」→「2人で共有」→「グループ（4人～6人）で共有」→「クラス全体で共有」の順で、段階を経ながら、学習した内容を振り返り、次のステップに繋げる機会を作ります。

最後の授業の流れ
→145ページ

7 スタディ・スキルの授業デザイン

本章では、さまざまなスタディ・スキルを
系統立てて学習するための授業をデザインします。
スタディ・スキルは、共通教育から専門教育までの
カリキュラム全体を通して教えられるべきものですが、
ここでは最もニーズが高い、新入生を対象とする
授業をデザインすることにします。
新入生は、学習面では大学教育への期待と
不安を抱えています。
また多くの学生は初めて一人暮らしを経験し、
生活面でもストレスを感じています。
学習者の緊張感を和らげ、かつ学習意欲を
高めるために、ソーシャル・スキルの習得も
盛り込んでみましょう。

7-1 ユニットの例

　ここでは1学期間（1回生前期を想定しています）の15回の授業をデザインします。そのために、まずは関連する内容を扱う授業数回分（2～5回分程度）の集合体であるユニットをデザインし、その後、ユニットをいくつか集めて授業全体を作ることにします。

【ユニット例①　新聞熟読ワーク（授業3～5回分）】

概要
　新聞記事を使ったグループワークを通して、読解力・情報収集・プレゼンテーション技法をトレーニングするユニットです。新聞をあまり読まない学生が多い現状を考えると、新聞を身近なものにする意味でも有効です。また新聞を読んでいる学生でも、流し読みをしていることが多いので、大学で求められる熟読の意味を教えるのにも有効です。

スケジュール
(1) 1回目：新聞熟読
　　習得すべきスキル：読解力、アイデア発散・収束法、レジュメ作成法
- 課題についての説明を教員が行います。
- 教員が事前に用意した新聞記事を、複数の学生に音読させます。
- まず、各自が「わからないこと」「知らないこと」を付せんに書きます。
- それをグループで持ち寄り、KJ法（アイデア収束法の一つ。カードや付せんに書かれた情報を、内容が似たもの同士でまとめて、タイトルをつけます）によって情報の整理と統合をします。
- 「みんなが知らないこと」＝「このグループで調べること」をグループでまとめて提出させます。次回までに各自で調べてくることにします（分担してもよい）。レジュメを作るときには、枚数の制限をします（A4で1枚以内、など）。

(2) 2（～3）回目：発表準備
　　習得すべきスキル：コミュニケーション技法、グループワークの技法
- 調べてきたことをグループ内で発表しあいます。
- 「わからないこと」「知らないこと」に対する「解答」を作成します。
- 次回の発表のために必要な資料（ビジュアル・エイド）を作ります。

ビジュアル・エイドの作り方
→34ページ

(3) 3（～4）回目：発表リハーサルと発表会
習得すべきスキル：プレゼンテーション技法、質問法
- 各グループで発表のリハーサルをします。
- グループごとに5分以内で発表をします。
- 次の5分間で、発表したグループ以外の学生は質問をします。
- 質疑応答の後、教員によるコメントを行ってこのユニットを締めくくります。

実施上のポイント

　発表会では、全てのグループが発表や質問をするのが望ましいでしょう。ただし時間が足りない場合、もしくは発表時間があまりにも長引き学生の集中力が続かないと判断した場合は、発表当日にくじ引きで発表グループを決めてもよいでしょう。

　このユニットでは新聞を材料にしています。そのメリットには以下があります。
①大学生なら誰でも理解できる（理解してほしい）内容である。
②時事性の高い問題を提示できる。
③結論がでていない問題について学生に考えさせることができる。
④新聞が身近で安価な情報源として有用であることを学生に自覚してもらう。
⑤関連・発展する情報をインターネットを使って得ることがたやすい。

　逆にデメリットとしては、以下のようなものがあります。
①メディアによって主張が偏っている危険性がある。
　（これについてはメディア・リテラシー教育として教えることも可能です）
②関係者がいる場合には教材として取り上げにくい。

　このユニットの一つの発展形として、授業例 No.13（要約力トレーニング）では「テレビ番組」「テレビのニュース」などの映像を教材としたスキルのトレーニングを扱っています。印刷物の要約は、書かれているものを何度も読み直しながら、核となる文を抜き出せるという安心感があります。

要約力トレーニング
→111ページ

【ユニット例②　ようこそ先輩記者クラブ（授業3回分）】

概要

　教室に呼んだ先輩に学生が質問することで、コミュニケーション能力の向上を目指すとともに、大学教育全体に対する学習意欲の向上をねらったユニットです。先輩として、卒業生（特に、学生が将来選ぶかもしれない職業についているかた）、学部生・大学院生など、身近なモデルになり得る人が望ましいでしょう。また学生が記者を演じることで、社会人としての言葉づかいを学習しやすくしています。先輩には、事前に学生に与えられている課題を説明し、学生が質問しそうな内容も踏まえて話をしてもらうように理解を求めておきます。

スケジュール

(1) 1回目：質問準備

　習得すべきスキル：グループワークの技法、アイデア発散・収束法

- グループを作ります。グループ名は「○○新聞社」や「○○テレビ」などにすると盛り上がります。
- 先輩のプロフィールなどを元に、質問したいことをまとめます。
- 各グループでリストアップする項目の数を決めておくとよいでしょう。

(2) 2回目：先輩講話と質疑応答

　習得すべきスキル：質問法、メモ・ノートテイキング技法、情報整理法

- 先輩の話を聞きます。メモを取りながら聞くよう指示します。
- グループの代表者が順に質問をします。関連した場合には「先ほどのお話に関連して……」というよう伝えます。各自、自分のグループの質問事項に対する応答をメモするよう伝えます。

(3) 3回目：まとめ

　習得すべきスキル：グループワークの技法、アイデア発散・収束法、レポート作成法

- グループワークで自分たちの質問とそれへの応答をまとめます。必要なら他のグループの質問に対する応答を取り込んでもよいことにします。
- 「さらにこれから調べたいこと」を付け加えて提出してもらいます。

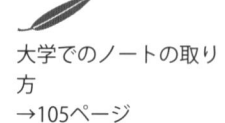

グループの作り方
→95ページ

大学でのノートの取り方
→105ページ

実施上のポイント

簡便なものにするのであれば、まとめ時の提出物は、模造紙やA3用紙で十分です。またホワイト・ボードにスキャナとプリンタが附属した電子黒板なら、記述内容を印刷して提出できるので便利です。時間外学習や授業コマ数を追加できるのであれば、記者になりきって壁新聞形式で提出してもらうのもよいでしょう。

【ユニット例③調べ学習（基礎編）（授業4回分）】

概要

学生が関心を持ったテーマについて、図書館とインターネットを使っての情報収集を課すユニットです。ここでは、グループ毎に調べるテーマが決まっていることを前提としていますが、決め方としては、事前に教員がテーマを与える（単一のテーマを与える場合と、複数のテーマから選択させる場合がある）、学生たちにテーマを考えさせる（「自然科学に関する疑問」のように大きな枠組みを与えて考えさせる場合と、「日頃気になっている疑問」のように枠組みを提示せずに考えさせる場合がある）方法があります。その授業の目的、学生のニーズによって、決め方を選択しましょう。

> テーマの決め方
> →84ページ

スケジュール

(1) 1回目：図書館での情報収集

　習得すべきスキル：図書館の利用法、情報収集法、情報整理法

・図書館の使い方についてミニ講義を実施します。
・実際に図書館に行ってみます。
・調べたいテーマについて、図書を探して借りてくることにします。

(2) 2回目：インターネットでの情報収集

　習得すべきスキル：インターネットの利用法、インターネット・リテラシー

・インターネットによる情報収集のスキルについてミニ講義を実施します。
・実際にメディアセンター等に行って情報検索をしてみます。
・必要最小限の内容を印刷して持ち帰ります。

情報整理法トレーニング
→108ページ

(3) 3〜4回目：情報整理

習得すべきスキル：グループワークの技法、情報整理法、アイデア発散・収束法

・図書やインターネットで調べたことを持ち寄ります。付せんやカードに書くことにするといいでしょう。
・これまでに調べた内容をKJ法やホワイト・ボードで集約していきます。最後にまとめた成果物だけではなく、それに使った付せん・カードも提出させます。

実施上のポイント

　時間を短縮したい場合には、各グループの中で、図書館担当の学生とインターネット担当の学生を分けてもよいでしょう。その際には、グループ内での情報共有の時間を確保します。

　図書館の使い方に関する講義は図書館職員に、インターネットの使い方に関する講義はメディアセンター等のスタッフに依頼できる場合があります。またそれぞれが独自で提供しているセミナーを利用できるかもしれません。問い合わせてみましょう。

【ユニット例④　調べ学習（発展編）（授業5〜8回分）】

概要

　ユニット例③のような調べ学習を、初等・中等教育段階ですでに経験している学生が多い場合は、発表会の準備と振り返りに時間をかけることで、より深い学びのある発表会を開催するとよいでしょう。事前に行ってきたグループワークの内容を5分で発表することを想定しています。

スケジュール

(1) 1〜3回目：発表準備

習得すべきスキル：レジュメ作成法、ビジュアル・エイド作成力、プレゼンテーションの技法

・このユニットに3回をあて、時間配分は学生に任せる。発表のためのレジュメ、OHC（OHP）で映写するビジュアル・エイド、発表原稿の三つを、グループの中で分業して作成します。もちろん三つはお互い関連しているので平行して作業する必要があります。

- 各コマでそれぞれ作成する資料を指定する。
   1回目：レジュメ作成
   2回目：ビジュアル・エイド作成
   3回目：発表原稿作成
  作成法についてのマニュアルを配付、あるいはミニ講義を実施してから、作業をします。

(2) 4回目：発表リハーサル

　習得すべきスキル：グループワークの技法、プレゼンテーションの技法
- グループごとに、用意したビジュアル・エイドや発表原稿を元に予行練習を行います。
- グループの中で、発表のどこがわかりにくいか、どうすればわかりやすくなるかを考えさせます。

(3) 5（〜6）回目：発表会

　習得すべきスキル：プレゼンテーションの技法、質問法
- 司会を決めて（学生でも教員でもよい）発表会をします。
- 制限時間を守るように、タイム・キーパーを決めます（司会がかねてもよい）。
- ある発表に対して質問をするグループを決めておきます（発表内容が関連するグループ、発表前後のグループなど）。
- グループ毎の発表と質疑を進めていきます（自分のグループの発表に対する質問はメモをとるように指示します）。
- 各自が他のグループの発表について採点表を使って採点します。回収し、後で集計します。

(4) 6（〜7）回目：発表の振り返り

　習得すべきスキル：ディスカッションの技法、情報整理法、レポート作成法
- グループごとに、自分たちの発表のどこがよかったか、話しあいます。その際、発表だけではなく、それまでの準備やリハーサル場面における各人の貢献度などプロセスについても振り返らせます。
- 他のグループの発表も参考にして、改善できる点があればリストアップします。
- 以下のものをまとめて提出します。
   ①発表原稿、ビジュアル・エイド、レジュメ
   ②質問された事項とそれに対する答え

プレゼンテーション評価シート
→135〜138ページ

グループワーク自己評価シート
→140〜141ページ

グループ・ピア評価シート
→142〜143ページ

7　スタディ・スキルの授業デザイン

③発表の改善点
　　④各自の採点表
- 教員からのコメント・関連するミニ講義を行って、このユニットを締めくくります。

実施上のポイント

- ビジュアル・エイドは、特に1年生前期ではOHC（あるいはOHP）の使用を前提にするのがよいでしょう。入学当初では、①誰でも手書きで作れる、②作業分担をしながら共同で作れる、という点を重視すべきです。OHCなら作成されたものをそのまま投影することも可能ですし、教員が手書きでコメントを加えることも簡単にできます。プレゼンテーション・ソフトウェアを用いると見た目はきれいな発表ができますが、パソコンが使えるごく少数の学生だけが作業することになりがちです。
- 発表の形式は、代表一人が発表するもの、全員で行うものなどいろいろ考えられます。特定の学生に発表を任せてしまう傾向が見られる場合は、必ず全員が発言することを課すとよいでしょう。
- グループ数が多すぎると、聞く学生の集中力が低下します。グループ数が7つ以上になる場合は、ポスター発表形式を取り入れるとよいでしょう。まずは、グループを半分に分け、前半組には教室内で同時にポスター発表をさせ、後半組には聴衆として採点をさせます。終了後に役割を交代します。そして、点数の高い3つのグループには全員の前で発表させます。この手法は、時間を短縮できるだけではなく、何度も発表を繰り返すことで発表技術の向上をもたらすというメリットもあります。

7-2 授業デザインの例

これまでに見たユニットを組み合わせて、15回の授業をデザインしてみましょう。

【授業デザインの例（全15回）】

授業の目的

充実した大学生活を始めるために、大学での知的活動のために必要なスタディ・スキルを身につける。また、友人や教員との円滑なコミュニケーションのためのソーシャル・スキルを、グループワークによって身につける。

到達目標

- グループの他の学生や教員の名前をいえる。
- グループのなかで積極的に発言することができる。
- ホワイト・ボードを用いてグループの意見をまとめることができる。
- 提示されたテーマに関連する図書やホームページを見つけることができる。
- 新聞記事や講演の内容の要約ができる。
- 他の学生が読んで理解しやすいレジュメを作ることができる。
- わかりやすい発表のためのビジュアル・エイドを作ることができる。
- 聞いた人に理解しやすい言葉で発表原稿を書くことができる。
- アイコンタクトを取りながら5分間の発表ができる。
- 他の学生の発表内容を理解した上で、それに対して質問をすることができる。

授業のスケジュール

	授業形態	学習内容	対応する資料・ユニット
第1回	**講義（オリエンテーション）、グループワーク（アイスブレイク）**	授業内容の理解、人間関係構築	資料 No.1
第2回	グループワーク	情報収集・整理法	ユニット例①もしくはユニット例②
第3回	グループワーク		
第4回	**発表会、ディスカッション**	プレゼンテーション	
第5回	**講義、演習**	情報収集法、図書館やインターネットの使い方	
第6回	グループワーク	情報収集・整理法	ユニット例③
第7回	グループワーク		
第8回	グループワーク		
第9回	**講義、演習**	レジュメやビジュアル・エイドの作成、プレゼンテーション	資料 No.26〜28
第10回	グループワーク	レジュメの作成	ユニット例④
第11回	グループワーク	ビジュアル・エイド作成	
第12回	グループワーク	プレゼンテーション	
第13回	グループワーク	プレゼンテーション	
第14回	**発表会**	プレゼンテーション、討議	
第15回	**グループワーク、講義**	発表会の振り返り、全体のまとめ	

本授業の課題を達成するには、授業時間内だけでは時間が不足するでしょう。実際は、自己学習ないしグループでの自主的な学習の時間が必要となります。入学した直後の学生に授業時間外学習の必要性を理解させるためにも、これは大いに推奨されるべきことです。そのためには、グループ学習のための自習室があるとよいでしょう。グループで作業でき、自由に使える学習室がない場合は、授業開講期間中の特定時間に、特定の教室を確保してあげるとよいでしょう。

　同じようなグループワークを何度も繰り返しているように見えるかもしれません。しかしながら、本授業で扱う学習内容は、大学での学習においては何度も求められるスタディ・スキルです。繰り返しの学習により、定着をはかることができます。根気よく指導・助言をしましょう。

　第14回目の発表会ではグループ毎に点数を競わせると、学習意欲を高めることができます。その結果は、ボーナスポイントとして、成績評価に加算することもできます。しかしながら、初年次の学生にとっては、成績よりも、大学教員から誉められるという経験自体が学習の動機づけになります。初年次の学生には、自ら課題を設定し、調査を行い、人前で発表するという学習を通して、学問に対する興味・関心を高め、さらに高度な学習をしたいと思わせることが重要です。発表内容や技法について丁寧に改善点を指摘することも大事ですが、多少の不完全さは多目にみて、学生の言動をよく観察して、小さなことでも誉めましょう。目の前の学生は、かつてあなたがそうであったように、学問の道を歩み始めたばかりの若者であることを忘れないでください。

7-3 テーマの設定

　スタディ・スキルの習得を目的とした授業では、何を学ぶかよりも、どう学ぶかが重視されます。しかしながら、一貫したテーマを設定することで、学習の文脈が設定され、学習意欲を高めることができます。テーマそのものについての学習は二次的なものですが、かといってテーマのないスキルに特化した教育では、学生の学習意欲を維持するのは困難です。

　学生が取り組むテーマは、学生自身に決めさせてみましょう。自ら選択する行為は責任感と学習意欲を高めます。その際、学問の入り口に立ったばかりの新入生にとっては、完全に自由にテーマを選ぶよりも、一定の枠の中で選ぶほうが望ましいでしょう。

　例えばユニット例①で扱った新聞、ユニット例②で扱った経験談から、興味を持ったことを選択させてみましょう。漠然としたものを示したうえで、その内容を鵜呑みにせず、それを批判的にみることから始めるよう指導してみましょう。

　授業の最終回に全体発表会（ユニット例④）をする際、テーマがグループに共通の場合、討論が盛り上がります。テーマがグループ毎に異なる場合、他のグループの発表については無関心になり、質問も出にくいという状況になりがちです。

　全く同じテーマでも、グループによって発表内容はずいぶん違うものになります。対立する意見を主張しているグループ同士で質問をしあうように促す、どちらのグループの主張に賛成するかクラス全員の挙手を求める、など司会者の工夫によって有意義な討論にすることができるでしょう。
　ある医学部のスタディ・スキルを教える授業では「尊厳死・安楽死」をテーマとして扱いましたが、最終発表会での各グループの発表題目は以下のようにさまざまなものとなりました。たとえ、同じ題目だったとしても内容まで同じになることはないと思ってよいでしょう。

【尊厳死・安楽死をテーマにした発表題目】

「積極的安楽死の許容4条件について」
「日本における安楽死」
「国内某病院　筋弛緩剤安楽死事件」
「世界の安楽死の法律の中心で自分たちのガイドラインを叫ぶ」
「『死』についてオランダの安楽死事情より学ぶこと」
「ホスピスって何？」
「未承認薬について（外国では承認されているにもかかわらず日本では未承認）」
「安楽死と尊厳死について考えてみました」
「死の代理意思決定について考える　― 紙芝居を通じて ―」
「死生観は如何にして養われるか？　― 高校生に対するアンケートをもとに ―」

7-4 成績評価をどうするか

7-2で考えた授業の目的と目標に基づいて、学生の成績評価方法を考えてみましょう。

【成績評価の例】

成績評価方法

・グループワークへの参加の評価　30％
　①自己評価　　　　　10％
　②学生相互評価　　　10％
　③教員による評価　　10％

・プレゼンテーションの評価　30％
　①学生相互評価　　　10％
　②教員による評価　　20％

・提出物　40％
　①グループワークにかかわるもの　30％
　②毎回のコメントシート　　　　　10％

※遅刻は1回につき2点減点、30分以上の遅刻と欠席は1回につき3点減点。

スタディ・スキルを教える授業における成績評価方法として、ペーパーテストを使うことは不向きです。スキルの習得のためには、グループワークに参加することが重要ですので、技能・態度を測定する評価項目を設定しています。

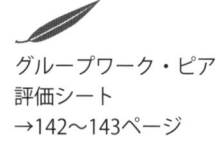

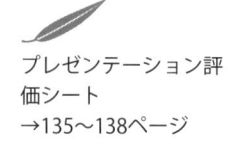

グループワーク・ピア評価シート
→142〜143ページ

プレゼンテーション評価シート
→135〜138ページ

7-5 グループワークにおける教員の役割

　本章でデザインした授業では、グループワークにおいて学生が自ら考えて行動することを重視しています。教員がテーマについて詳しく教えることは受動的な学習態度を育成してしまうことにもなりかねません。

【教員が冒頭で学生に伝えるメッセージ例】

「本当に大切なこと、知るべきことは、教科書や参考書には書かれていない。参考資料も決して鵜呑みにしてはならない。何事も、情報源を自分の目で確かめ、自分自身の頭で判断することが肝要。他人に情報を咀嚼してもらうのではなく、自分たちが悩み、考え、理解して欲しい」

　グループワークを通して学生が学ぶ場合、教員の役割は「ファシリテーター」です。ファシリテーターとは、学生の学習活動を「促進する人」という意味です。具体的には以下のような言動が求められます。

・原則「聞き役」に徹する。
・必要に応じて学生の討論を促す。
・フィードバックのためのコメントをする。

　例えば、コースの中で行われるグループワークの最後に、学生の自己評価を助ける（学生の良い点を積極的に誉める、よくなかった点をどう改善するかについて考えることを促す）ことによって、学生の課題発見・問題解決能力やディスカッション能力を伸ばすことができます。

【ファシリテーターとして望ましいコメントの例】

●理解を深めることを促す
「司会の方、ちょっとよろしいですか。今の発言については誰からも意見が出なかったようですけれど、私にはよくわからなかったのですが……」
「××については、皆さん、よくわかりましたか？」
「○○について、質問はないですか？」
「今のことについて別の意見の人はいませんか？」
「今の問題について△△さんはどう思いますか？」（発言の少ない学生に対して）

●よい点を誉める
「このグループは発言が多くていいですね、次回もこの調子で行きましょう」
「今日の司会進行のAさんはタイム・キーパーとしてとてもよかったです」
「Bさんの意見は良かったです、あれで討論の道筋がはっきりしたと思います」
「このレジュメは見やすくていいですね、他の学生さんも見習ってください」
「前回に改善点を考えておいたおかげで、今日は議論が活発にできましたね」

●改善点について考えることを促す
「議論しているだけでは筋道がわかりにくいですからホワイト・ボードに書いてみたらどうですか？」
「今日は前回と比べて議論が盛り上がらなかったようだけれど、どうしてだと思いますか？」
「もっと時間を有効に使うにはどうしたらいいと思いますか？皆さんでちょっと考えてみてください」

　助言をする際は「YNY型」で行うとよいでしょう。「Y（Yes）」は「肯定的な評価・発言」、「N（No）」は「否定的な評価・発言」の意味です。すなわち、まず何かよいことを指摘し（どんな小さなことでも構いません）、次に不十分だったこと・改善しなければならないことを指摘し、最後にまた肯定的に評価して締めくくります。これは、相手に対する自分の評価を、その相手に受け入れてもらう方法として有効なルールです。

　また、学生を肯定的に評価するときには名前を挙げるのもよいですが、よくなかったことを指摘するときには名前は挙げない方がよいかもしれません。新入生にとって、大学教員のコメントは重く受け止められがちです。

【YNY型コメントの例】

「今日のグループワークはとても質の高いものでした。とりわけリーダー役の○○さんがしっかり議論をまとめてくれたことが良かったです。△△さんが時間を気にして、皆に伝えていたことも大切な役割でしたね。一方で、話が脱線することが多かったのは残念でした。誰かが話を本流に戻してあげるとよかったでしょう。総じて、前回よりもよくなっているので、この調子で次回もグループワークに取り組んでいきましょう」

　グループワークを主とした授業において、担当教員に対する学生の評価が非常に低い事例がありました。そのグループの学生が書いたアンケートの一例を示します。

「間違ったことや、遠周りになりそうな発言をすると、とめられて、だんだん正しいことをしゃべらないといけないような雰囲気があり、自由な発言ができなかった。あと、とめたあと、自分は発言してはいけないからといって、何も教えてくれないから、あやふやなまま問題が残って、結局よくわからなくなってしまったと思う」

　この教員は、学生のためによかれと思って指導しているのでしょう。しかしながら、こうした指導では、スタディ・スキル科目の目標は達成されません。本科目では、失敗から学ばせることが大事です。なぜ良い発表ができなかったのか、なぜグループワークがうまくいかないのか、それを学生自身が考え、解決策を見出すことを目標としましょう。

　ここまで読んで「スタディ・スキルを教えるのは、大変だ」と思われた方がほとんどでしょう。しかし、きちんとした授業デザインを事前に行えば、授業は学生の作業を中心に進行していきます。それがうまくいけば、授業終了後には確実に成長した新入生の姿を目の当たりにすることができるでしょう。それは大学教員にとって最も喜ばしい瞬間の一つです。

資料編

資料編では、教材として使用できる
授業事例やワークシートを紹介します。
ワークシートはB5サイズです。
必要に応じて拡大コピーをしてお使いください。
ワークシートのタイトルについている
「A・B・C」は異なる教員によって
作成されたことを意味しています。
ご自身の状況に最もあう教材を選択下さい。

(1) アイス・ブレイク

初回の授業は誰もが緊張しています。しかしながら、緊張は学習の疎外要因となります。短時間で、凍りついた人間関係を溶かし、その後の学習を促進するのが、アイス・ブレイクです。ここでは教員と学生、学生同士を対象にした授業事例や教材を集めました。初回の授業や、マンネリ化してきた中間段階に使うと効果的です。また学生が新しい人間関係に慣れるまで何度か繰り返し行うと良いでしょう。

No. 1
バースディ・リング

学生に習得してほしいスキル ■ コミュニケーション技法　■ グループワークの技法　■ メモ・ノートテイキング技法
想定授業時間数：90分（1回）
用意するもの：全員で輪になるので、それが可能な教室。屋外での実施も可能。
授業のポイント →初回の授業は、学生のモチベーションづくりという意味で非常に重要です。バースディ・リングは、受講者間での一体感を作る象徴的なワークで、初回にふさわしいものです。 →初回の授業を想定して、バースディ・リングの前にガイダンス、後にはインタビュー・ゲームを挿入してみました。
授業の効果 ①自然に笑いが生じてリラックスした雰囲気を作ることができます。 ②人数が多くても、学生同士の人間関係を短時間で作ることができます。 ③身体を動かすことで、緊張をほぐすことができます。

項　　目	教　員　の　行　動	学生の行動
教員自己紹介と授業ガイダンス（15分）	歓迎の言葉、教員の自己紹介、コース全体の目的・目標、全体の流れ、学生に期待する行動・態度、提出物と締め切り、今日の授業の目的・目標について説明する。学生は緊張しているはずなので、この部分は短めにする。	教員の話を聞く。
バースディ・リング（15分）	①机を教室の端に移動させ、椅子だけで、教室の真ん中に輪を作り、着席させる（それが不可能な場合は、立ったままでも構わない）。 ②一つの椅子を「1月1日」の席として決め、時計回りに誕生日順に、自分の誕生日はこの辺りだと予測して移動するように指示します。この際、相手に誕生日を聞いてはいけないというルールを伝える。 ③全員を起立させ、次のように簡単な自己紹介をするように伝える。「私は○○（名前）と言います。誕生日は○月○日です。」もし順番に並んでいない場合は、席を入れ替えてもらう。 ④全員の自己紹介が終わった段階で、「これで全員が誕生日で繋がりました」と言って、拍手で締める。	移動して着席する。 移動して着席する。 自己紹介をする。
インタビュー・ゲーム（50分）	①二人一組のペアを作る。知り合い同士の場合、相手を替えるように伝える。 ②5分間で相手に「大学時代にやりたいこと」をテーマにインタビューをして、その内容を1分にまとめて発表してもらう。そのため話の内容をメモするように指示する。インタビューの際、下記の三つをルールとする。 　・何を聞いてもよい。 　・答えたくないことは答えなくてよい。 　・聞かれなくても話してもよい。 　インタビューをする者とインタビューを受ける者を交代して、5分×2回＝10分間実施する。途中「残り2分です」と知らせてあげるとよい。 ③インタビュー内容を、1分間で他の学生に次のように紹介させる。「こちらは○○さんです。大学時代にやりたいことは、○○だそうです」 ④一人一人の発表が終了した段階で、拍手をする。	ペアを作る。 メモを取りながらインタビューを交互に行う。 発表する。
まとめ（10分）	振り返りを行う。今日の感想、これからの期待、教員への一言メッセージなどをコメントシートに記入してもらう。次回の授業ではそれにコメントをつけて紹介する。	コメントシートに記入する。

No. 2
昨日の晩御飯

学生に習得してほしいスキル ■ コミュニケーション技法　■ グループワークの技法
想定授業時間数：10分（10人の場合）
用意するもの：なし
授業のポイント →名前と所属だけの自己紹介を行っても、教室内の緊張がほぐれない場合があります。それを避けるために、自然と笑いが起こる話題とあわせて自己紹介をします。 →話題はシンプルなものが良いでしょう。
授業の効果 ①自然に笑いが生じてリラックスした雰囲気を作ることができます。

授業の流れ

項　目	教　員　の　行　動	学生の行動
自己紹介 （10分）	①順番に自己紹介をする。その際、名前と所属に加えて、昨日の晩御飯を紹介していく。最初は教員が見本を見せる。 ※緊張感をほぐすために、終わったら拍手をしてあげる。 ※白紙と水性サインペンがあれば、晩御飯の絵を描いてもらってもよい。 ②個々の学生の自己紹介の後に、コメント（「美味しそうですね」「自分で作ったのですか？」）を入れるとよい。 ※「好きな芸能人」「好きなTV番組」「これまでやってきた部活動」「出身地のご当地グルメ」などに変更しても可。ただし「好きな科学者」など学生が答えにくい題材を選ばないようにする。 ※1回目だけではなく、学生同士が慣れるまでは、毎回授業の冒頭で行うとよい。また、単に自己紹介をさせるだけではなく、「相手に良い印象を与える自己紹介は？」「どのような自己紹介が記憶に残ったか？」「自分の自己紹介をさらに良くするには？」などを振り返らせ、議論させると、より良いコミュニケーションについて学習する機会となる。	自己紹介をする。他の学生の自己紹介を聞く。

No. 3
運命共同体

学生に習得してほしいスキル ■ コミュニケーション技法　■ グループワークの技法
想定授業時間数：15分（5グループの場合）
用意するもの：A4白紙（グループ数×1枚）、水性サインペン（グループ数×1本）、マグネットもしくはセロテープ
授業のポイント →グループワークの最初に簡単な自己紹介をした後、より深く知りあうためのワークです。 →作業時間を少し短めに設定し、急いで議論をさせると盛り上がります。 →共通点を見出すと、人間関係は急速に深まるという心理を利用したもの。グループに名前をつけることで、チームとしての結束力を高めることができます。
授業の効果 ①グループメンバーがお互いに短時間で深く知りあえるため、その後のワークの際、効率的に作業が進行していきます。 ②グループ内での結束力を高めることができます。

授業の流れ

項　目	教　員　の　行　動	学生の行動
自己紹介と グループ名 の決定 （10分）	①まずはお互いの名前を覚えてもらうために、全員の名前を用紙に書かせる。 「白紙の上部にメンバー全員の名前を記入してください」 ②課題を指示する。当初、学生は困惑する表情を見せるが、気にせず、笑顔で進めること。教員が恥ずかしがっていると、学生も真剣に取り組まなくなるので気をつける。 「これから5分間でグループ名を考えてください。ただし，メンバー全員の共通点に関連した名前にすることが条件です。グループ名ができたら用紙に記入してください」	グループ名を考える。
グループ名 発表（5分）	グループ名とメンバー名を書いた用紙を黒板等に貼りグループ名とその由来を発表する（1分ずつ）。過去の例をあげると、「タイガース（阪神ファン）」「4グラス（眼鏡）」「ワンワンズ（犬好き）」などがある。	代表が発表する。

No.4
傾聴力トレーニング

学生に習得してほしいスキル ■ コミュニケーション技法
想定授業時間数：10分
用意するもの：指示が書かれた用紙（97ページ参照）（大人数の場合、スクリーンに映し出すことも可能）
授業のポイント →コミュニケーションの基本は、人の話をきちんと聴くことです。体験から「きちんと聴く（傾聴）」とは何かを学ばせるものです。
授業の効果 ①無表情で他者とコミュニケーションをする学生が少なくなります。

授業の流れ

項　　目	教　員　の　行　動	学生の行動
ペアづくりと概要説明（3分）	「まわりの人と二人組になり、AさんとBさんを決めてください。Aさんには『最近、はまっていること（最近の自分の楽しみ）』を話してもらいます。Bさんには、その話を聴いてもらいます」 ※人間関係が構築できない学生はこの作業もハードルが高い。そのために以下のような細かい指示をしてもよい。 「隣の人と二人組になり、机をつけてください。隣がいない人は自分で席を移動して相手を見つけてください。それから、じゃんけんでAさんとBさんを決めてください」 ※自分から動けずに二人組になれない学生もいる。最初のうちは、教員やティーチング・アシスタントが、相手のいない学生を見つけ、席を移動するよう指示するとよい。	二人組になり、AとBを決める。
指示1・2の提示と話し合い（3分）	①Bの学生を呼び集め、Aに見えないように「指示1」が書かれた用紙を見せる。大人数の場合、Aには机に伏してもらい、B向けにスクリーンに指示を出す。 ②Aに話を始めるように指示する（30秒）。 ③途中で話を止めて、再度Bを集め「指示2」を見せる（もしくはスクリーンで提示）。 ④会話を再開するよう指示する（30秒）。	AはBに話をする。Bは指示どおりにAの話を聞く。

振り返り (4分)	①何人かに1回目と2回目の感想を発表してもらう。A、Bそれぞれの立場からコメントしてもらう。大人数の場合は、無線のハンドマイクを持って、学生に近寄ってインタビューするとよい。 ②まとめとして「傾聴」の意義等について説明をする（以下はトピック例）。 ・「聞く」と「聴く」の違い。 ・ボディ・ランゲージ（非言語コミュニケーション）の重要性。 ・相づち、頷き、目線（アイコンタクト）の効果。 ・座る位置（対面、横並び、90度）と話しやすさの関係。	感想を述べる。

------------ 下記はコピーして、提示資料としてご利用ください。------------

指示1

意識して無表情で、ただ黙っていてください。相手に目線をあわせないようにしてください。

------------ キリトリ ------------

指示2

うなずいたり、「うん、うん」「なるほど」「そうなんだ」などのあいづちを入れたりして話を聞いてください。相手に目線をあわせるようにしてください。

No. 5
サクセス・ストーリー・コミュニケーション

学生に習得してほしいスキル
■コミュニケーション技法　■グループワークの技法　■情報整理法　■アイデア発散・収束法

想定授業時間数：90分（1回）

用意するもの：
・模造紙（グループ数×2枚）
　※模造紙を机上に広げる空間がない場合は、壁に貼って作業も可能。
・水性サインペン
・付せん（一人20枚程度）
・ストップウオッチ（教員がタイム・キーパーになる）

授業のポイント
→アイス・ブレイクのあと、学生は2人、さらに4人とグループを作って自分の成功体験を話し合います。お互いの「成功体験」を共有しまとめていく過程で、「成功」という概念の定義づけまで学習することができます。「成功」というポジティブな体験をもとに作業を進めることがプログラム終了時の達成感につながっていきます。
→タイム・キーパーである教員は、次々に作業を指示することが肝要です。学習者が忙しいと感じるくらいのペースの方がうまくいきます。学生同士が初対面ならなおさらです。
→各グループでリーダーを決めさせると作業が円滑に進みます。
→事前に名簿を利用して、ペアを作っておくと作業時間を節約することができます。

授業の効果
①各自の体験を表出する、情報を共有し集約する、ネットワーキングされた情報を定義づけする過程を体験することによって、達成感を得ることができます。
②身体を使っての作業を通して、自己表現能力を高めます。

授業の流れ

項　　目	教　員　の　行　動	学生の行動
ガイダンス（7分）	作業内容を説明し、付せん・模造紙を配付する。	4人でグループを作る、さらにその中でペアを作る。
アイス・ブレイク（18分）	①ペア・ワークを指示する。 「ペアの相手の好きな料理を推測してみましょう。制限時間は2分で、付せんに書き込んでください。付せん1枚につき、1品です」 ②グループワークを指示する。 「グループごとに模造紙に付せんを貼ってください。そしてそれを和風系、洋風系、中華系に分類してみましょう」 ③リーダーに指示する。 「リーダーは料理名を読み上げてください。自分の一番好きな料理が読み上げられた人は、手を上げてください」	相手の好きな料理を想像し、それを付せんに書く。 付せんを貼り付けし、分類する。 該当するときには手を上げる（これ誰が書いたの？という感じで自然に場が盛り上がってきます）。
ペア・ワーク（5分）	①ペア・ワークの指示をする。 「またペアの相手と向かいあってください。自分の今までの経験の中での成功体験を二人で話し合ってください。制限時間は4分です」 ※急に指示されても話ができない学生がいる。そのようなことが予想される場合、実施前の授業において内容を告知したり、思いだす時間を1分間作ったりするとよい。	ペアで、適宜メモを取りながら、お互いに体験を話し合う。
グループワーク（30分）	①グループワークの指示をする。 「次は4人でグループになってください。一人1分でペアを組んでいた相手の成功体験を残りの二人に伝えてあげてください」（10分） ②グループワークの指示をする。 「4人のグループで、成功体験の中の共通点は何かについて意見をまとめてください、模造紙や付せんを適宜使ってください。最後にグループ毎に発表してもらいます」（20分） ③グループをまわって適宜声をかけていく。役割が特定の学生に集中してしまっている場合は、議事進行係、模造紙作成係、発表係など役割を決めさせるとよい。	グループで、相手の成功体験を説明する。 グループ内で、成功体験の共通点を話し合う。
全体発表（20分）	①全体発表の指示をする。 「グループごとに話し合ったことを発表してください」 ②教員は発表会の進行役をつとめ、各グループの発表に対してコメントをする。	グループごとに発表する。他のグループの発表に対して質問をする。
まとめ（5分）	①今日のペア・グループワークの振り返りをさせ、まとめのコメントを行う（資料No. 33～36）。	アセスメント・シートに記入する。

No.6
キャンパス探検隊

学生に習得してほしいスキル ■ コミュニケーション技法　■ グループワークの技法　■ プレゼンテーション技法 ■ 情報収集法　■ 情報整理法　■ 時間管理法
想定授業時間数：180分（90分×2回）
用意するもの：デジタルカメラ（グループ数×1台）、パソコン、プロジェクター
授業のポイント →新入生は、学内にどのような施設・設備があるのかで戸惑うことが多い。その問題を解消し、同時にグループワーク、課題発見、提言作成という調査・研究の基本を学ばせることができます。 →デジタルカメラをグループの数だけ用意することが望ましいですが、学生のカメラつき携帯電話を使うことも可能です。
授業の効果 ①学生がキャンパスを身近に感じるようになり、不安感を低減できます。 ②グループで業務を機能的に分担し、遂行することができるようになります。

授業の流れ

項　　目	教　員　の　行　動	学生の行動
自己紹介と役割分担（10分）	①グループ内で自己紹介をさせる。 ②役割を分担させる（リーダー、撮影係、資料作成係など）。	自己紹介と役割分担を行う。
調査（60分）	①課題を指示する。 「これからキャンパス内で調査をし、キャンパスの良い場所、問題のある場所を3つずつ探して写真を撮影してください。必要な写真は、良い場所の写真3枚、問題のある場所の写真3枚、調査をしている自分たちの写真3枚です。翌週までに、写真を入れ込んだプレゼン資料を作成し発表してください」 ②注意点を説明する。 「第一に、授業の迷惑にならない様にすること。第二に、危険な場所での撮影には十分注意すること。第三に、大学関係者に会った場合、授業であることを伝えること。必要であれば、許可をもらって撮影すること。第四に、自分たち以外の人物を撮影する場合は必ず許可をもらうこと」 ※早く終わったグループには発表の準備をさせる。 ※簡易にプレゼンを行う場合は、撮影した写真を、パソコンを通してそのままスクリーンに映すこともできる。	カメラ撮影を行いながら調査を行う。 授業時間外に、発表の準備・資料作成を行う。
発表（60～90分）	①各グループ10分程度で発表を行う。 ②振り返りとまとめを行う（資料No.33～36参照）。	発表する。 振り返る。

No. 7
大学教授にインタビュー

学生に習得してほしいスキル ■ 教員との付き合い方　■ プレゼンテーション技法　■ 情報収集法　■ 情報整理法
想定授業時間数：100分（1回目最後の10分、2回目90分。両回の間は1カ月ほどあける）
用意するもの：なし
授業のポイント →新入生にとって大学教員は想像以上に遠い存在です。教員との距離感を縮めるのがねらいです。 →情報収集や整理法を教える際、インターネットや文献といった資料を素材とすることが多いですが、一次資料の重要性を伝えるためにも、こうした生データを素材にするとよいでしょう。
授業の効果 ①教員とのコミュニケーションが活発になります。 ②一次資料の収集、整理を経験することで、その重要性を認識できるようになります。

授業の流れ

項　　目	教　　員　　の　　行　　動	学生の行動
意義と説明（1回目の最後の10分）	①二人組を作らせ、意義と課題を説明する。 「大学教員をオフィスアワーに尋ね、研究内容、なぜ大学教員になろうと思ったのか、新入生へのメッセージをインタビューして聞き取り、教員から学んだこととあわせて、1カ月後に模造紙にまとめて、発表してください」 ※学生が組む単位は、3人、4人でも構わないが、人数が増えると都合があわない可能性が高くなる。 ②注意点を説明する。 「第一に、オフィスアワーを確認し、事前に訪問の約束をとりつけること。その際授業の一環であることを説明すること。第二に、インターネット等でその教員の専門分野などをできるだけ調べてから訪問すること。第三に、インタビューの時間は30分程度で終了させること」 ※多くの新入生にとって、面会の約束をすることは初めての経験となる。手引きを配布するとよい。（資料No. 8） ※特定の大学教員にインタビューが重複すると迷惑になるので、約束をとる前にインタビュー希望教員の氏名を連絡するように伝える。 ※職員に協力してもらうこともできる。その際は、業務内容、なぜ大学職員になろうと思ったのかをインタビューする。 ※事前に複数の教職員に協力してもらえるよう打診し、許可が出た教職員のリストを学生に配布し、その中からインタビュー相手を選択させることもできる。	二人組を作る。スケジュールの調整を行う。 授業時間外で、インタビューを行い、その内容をまとめる。
発表（2回目、90分）	①各グループ10分～15分程度で発表を行うように指示する。 ②振り返りをさせ（資料No. 33～36）、まとめのコメントをする。	発表する。

No. 8
約束（アポイントメント）の取り方

1. 電話で約束をとる場合

①相手を確認し、自分の名前を名乗る。
　「藤田先生でしょうか。わたくし基礎科学論を受講している理学部1回生の佐藤と申します」
②挨拶をする。
　「はじめまして。大学のホームページで先生の電話番号を確認させていただきました」
③用件を簡潔に伝え、時間の確認をする。
　「今回、先生の研究室を訪問させていただきたく、連絡させていただきましたが、今お話し
　　してもよろしいでしょうか（今お話ししてもかまいませんか）」
④経緯、目的などのポイントを強調しながら話す。
　※最初の頃は、話す内容を書いたメモを見ながら話すとよい。慣れるとメモがなくても円滑に
　　話せるようになる。
⑤内容の再確認・復唱をする。
　「それでは再度確認しますが、13日、14時に研究室に伺うということでよろしいでしょうか」
⑥終わりのあいさつをする。
　「お忙しい中、お時間をいただき、ありがとうございました。当日よろしくお願いいたしま
　　す。失礼いたします」
　※相手が電話を切った後に切る。

2. 電子メールで約束をとる場合

○問題のあるメール例（どこが問題でしょうか？）

```
送信者：hana@000000.ne.jp
日時：2011年7月4日　23：34
宛先：sato@&&&&&-u.ac.jp
件名：

前回の授業で紹介していた本（タイトル忘れました）を借りたいんですけど，どうしたらいいで
すか？？　明日暇なんで（笑），研究質に顔出してもいいですかー？？　よろしくですm(_ _)m
```

①簡潔で正確な文章を書く
　複雑な内容や、大きな相談事をメールに長々と書くのはよくない。教員は大量のメールを毎日受信するので内容は簡潔に正確に。教員が意味を理解できずに、メールを送りなおして確認しなければならない文は書かない。敬語で文章を書くこと。
②件名・署名は忘れずに
　教員はスパムメールも多く受信するので、件名がないものは削除される可能性がある。件名は見ただけで内容が分かるようにする。署名部分は、最低限、①氏名、②所属学部・学科、③学年を書く。教員は学生のアドレスを登録していないので毎回署名を入れて書く必要がある。送信者名が設定できるパソコンアドレスでは、本名を登録しておく。ニックネームは使わない。
③本文構成の基本
　宛名、自己紹介、内容、感謝の言葉の順に書く。内容部分は、最初に最も伝えたいことを簡潔に書く。1行は30文字以内で改行。文字は左側にそろえる。詳細は箇条書きで書く。

④返事をもらったら返信をする
　　教職員からメールが返ってきたら、学生が返信してやりとりを終える。メールを読んだことをきちんと相手に伝える。「ご教示いただきありがとうございました」「今後ともよろしくお願いいたします」「これ　からもご指導よろしくお願いいたします」など、定番のしめくくりの言葉を使うとよい。

○良いメール例

送信者：山田はな
　日時：2011年7月4日　23：34
　宛先：sato@&&&&&-u.ac.jp
　件名：書籍貸し出しのお願い

佐藤先生

水曜1限目の「教育と社会」を受講している，工学部機械工学科1回生の山田はなです。
6月20日の授業中に紹介されていた下記の本をお借りしたいのですが，よろしいでしょうか。

　星山陽一『アメリカ教育の光と影』朝川書房，2002年

お借りできるならば，オフィスアワーに先生の研究室にお伺いします。
下記のメールアドレスにお返事いただければ幸いです。
何卒よろしくお願いいたします。

山田はな　○○大学工学部機械工学科1回生
E-mail: hanayamada@xxx.xxx.ac.jp

3. 教員研究室でのマナー
①入室のマナー
- コートや帽子などを着用している場合は入室前に脱いでおく。カバンもおろす。
- ドアを2回ノックする。強すぎない(騒がしい)、弱すぎない(聞こえない)ことのないように、ノックする。
- 中で「どうぞ」「はい」と声がしたら、「失礼します」と言いながらドアを開ける。
- ドア付近で教員の目を見ながら、自分の所属、氏名、来室目的を簡潔に述べる。
    「わたくし、法文学部総合政策学科1回生の○○××です。以前メールでお願いしましたが、新入生セミナーのレポート課題について質問がありまして伺いました」
- 返事をもらってから、相手の指示に従って、椅子・ソファに腰掛ける。

②面談中のマナー
- 内容を忘れないようにするために、話した内容をメモ・ノートにとりながら聞く。
- 携帯電話は電源を切るか、マナーモードにする。メールが届いても、面談中は確認しない。また面談中にメールを送信しない。
- 緊急時の電話は、「すいません。緊急の電話があったようなので失礼いたします」と言って、研究室の外で対応する。戻った際には「大変、失礼しました」と述べる。

③退室のマナー
- 15～30分程度で退出する。
- 退出の前に終わりのあいさつを述べる。
    「先生もお忙しいと思いますので、失礼いたします。貴重なお時間ありがとうございました」
- ドア前で再度一礼して「失礼しました」と述べて退出する。ドアは丁寧に閉めること。

(2) 情報収集・整理法と発想法

大学でのスタディ・スキルでまず身につけてもらいたいのが、情報収集・整理法と発想法です。図書館やメディアセンターといった、学問知が集積されている場所の使い方を覚え、そこで収集した各種情報を整理する能力はあらゆる学問の基礎となります。また、収集した情報を組み直すことで、新しいアイデアを発想する能力も知を生みだす大学で学ぶためには不可欠です。

No. 9
大学でのノートの取り方

1. なぜノートをとるのか？
　授業のノートをとる目的は三つあります。
（1）ノートをとることで、授業に集中できます。
（2）ノートは、後から振り返ることのできる有用な情報となります。
（3）発話をノートにとることで、要約力が高まります。
　よって、後から振り返ってわかりやすいノートを素早く能率的に書くことが大事です。

2. 省略記号を使う
　ノートをとるスピードをあげるひとつの方法が、省略記号やシンボルを使うことです。標準的なものはたくさんありますが（ex.／cf.／etc.／※／？／＝／∴／∵）、自分なりの記号を使って構わないのです。また、自分だけがわかればいいわけですから、漢字を略すことも有用です。

3. 重要な点を見分ける
　小中学校や塾・予備校では、教師は黒板をきれいに書いてくれます。生徒はその内容を忠実に書き取ればよいのですが、大学や実社会において、教員や上司はあなたがノートをとりやすいように書いてくれることはありません。人は話し言葉の2割しか書くことができません。自分で相手の発話の中から何が重要なのかを聴き取り、そうでない部分は切り捨てて、ノートをとらなければなりません。
・重要度の高い内容の場合、以下の特徴が見られます。
　繰り返し／抑揚がある／大きな声／はっきり、ゆっくりなテンポ／発話の前後に間がある／「いいですか？」など念を押す言葉／真面目な表情
・重要度の低い内容の場合、以下の特徴が見られます。
　柔らかい表情／小さな声／早口／「例えば」「横道にそれますが」という前置き

4. 番号をふる
　情報を並べる場合、番号をふります。その際、カッコなどを使い分け、情報のレベル分けをします。一般的な情報レベルは下記となり、後ろにいけばいくほど、小さなレベルの情報となります。
　　1.　→　（1）　→　1）　→　①

5. 色を使う
　後から振り返って、重要な点がすぐにわかるようにするためには、色を使うことも有効です。自分なりのルールを作ってみましょう。例えば以下のように色分けします。
　「授業の中で大事な部分」→ ①最重要：蛍光マーカー＋赤、②重要：蛍光マーカー
　「自分で考えた疑問・意見」→ 青

6. 自分の疑問・意見を書く
　授業アンケートには「黒板をもっと使ってほしい」「今日は書く内容が少なかった」という記述があります。ノートは教員の考えだけを記述する場ではありません。あなた自身の疑問・意見を書く場でもあります。よいアイデアが浮かんでも書き留めなかったばかりに忘れてしまうことがあります。授業中もしくは授業後に書き込みましょう。授業で不明だった点は図書館やインターネットで調べて、ノートに書いておきましょう。

No. 10
情報探しゲーム

学生に習得してほしいスキル ■ コミュニケーション技法　■ グループワークの技法　■ 資料・文献の探し方　■ 時間管理法
想定授業時間数：75分（1回）
用意するもの：課題を書いた用紙
授業のポイント →時間内に簡単すぎず、難しすぎずに見つけることのできる課題を設定することが大事です。事前に先輩学生に難易度をチェックしてもらうとよいでしょう。 →事前に、図書館には事情を伝え、書物の存在を再確認しておきます。他の学生に借りられないように一時的に仮予約をしてもらうよう図書館職員に依頼しておくとよいでしょう。
授業の効果 ①楽しみながら情報収集法の基礎を学ぶことができます。 ②チームワークのスキルを身につけることができます。 ③時間管理法を身につけることができます。

授業の流れ

項　　　目	教　員　の　行　動	学生の行動
課題説明 （10分）	①課題の意義・ルールを説明する。 「これから5つの資料を探してきてもらいます。スタートというまで用紙を見てはいけません。用紙に書かれている資料を探しだして、借りて（インターネット上の情報はプリントアウトして）、教室に戻ってきてください。ただし、図書館やメディアセンターで走らない、騒がないことを守ってください。5つの資料検索の分担については、各グループで話し合ってください。制限時間は50分です。早く戻ってきた順番に高いポイントをあげます。質問はありませんか。なければスタートしてください」 ※5つの資料は、どのグループにも共通のものにしておくと条件が同じでよいが、数に限りがある資料の場合は、探索難易度が同程度のものを指定する。 ※書架にある書物だけではなく、書庫にある書物やインターネット上の情報なども入れるとよい。	説明を聞く。
学生による 情報収集 （50分）	①教室内で待機する。戻ってきたグループから、資料を受け取り、間違いないかどうか確認する。 ②間違っていれば、指摘し、再度情報収集をさせる。	情報収集する。
振り返りと まとめ（15分）	①振り返りシートに記入させる。（資料No. 33～36）	シートに記入する。

No.11
アイデア発散・収束技法

1. ブレイン・ストーミング
　会議の参加メンバー各自が自由奔放にアイデアを出し合い、互いの発想の異質さを利用して、連想を行うことによってさらに多数のアイデアを生み出そうという集団思考法・発想法のこと。省略して「ブレスト」「BS」などともいう。

　参加者が自由に発想してアイデアを出すようにする。脳（ブレイン）に嵐（ストーム）をふかせるように、思いついたことをどんどん出すことが大切。出てきたアイデアは誰かが書きとめておく必要がある。グループで共有する前に、個人がカード等にアイデアを書きだす（ブレイン・ライティング）と、その後情報収束をしやすい。ブレイン・ストーミングには四つのルールがある。

①判断延期：出されたアイデアへの判断はしない。
②自由奔放：身分の上下、年齢差などは一切せず、自由奔放に行う。
③質より量：アイデアの質より量を重視する。
④結合改善：他人のアイデアに自己のアイデアを結合させて改善することを歓迎する。

2. マインドマップ
　頭の中で行われている情報の処理過程を、私たちの脳のやり方で目に見えるようにするもの。記憶・整理（理解）・発想が容易になる。

　中心になるアイデアを用紙の真ん中に置き、そこから連想される絵や言葉を線でつないで書き連ねていく。放射状にアイデアを広げていくのがポイント。これはニューロンから伸びる神経突起のシナプス結合のネットワークとされる、「人間の記憶の仕組み」に対応したものである。

3. チェックリスト法
　ものごとを考える際に、抜け落ちがないように、一つずつチェックしていくための一覧表のこと。オズボーンは下記の項目を使って、アイデアを発想するためのツールとした。

①転用（そのままで新用途は、他への使い道は、他分野へ適用は）
②応用（似たものはないか、何かの真似は、他からヒントを）
③変更（意味、色、働き、音、匂い、様式、型を変える）
④拡大（追加、時間を、頻度、強度、高さ、長さ、価値、材料、誇張）
⑤縮小（減らす、小さく、濃縮、低く、短く、軽く、省略、分割）
⑥代用（人を、物を、材料を、素材を、製法を、動力を、場所を）
⑦再利用（要素を、型を、配置を、順序を、因果を、ペースを）
⑧逆転（反転、前後転、左右転、上下転、順番転、役割転換）
⑨結合（ブレンド、合金、ユニットを、目的を、アイデアを）

No.12
情報整理法トレーニング

学生に習得してほしいスキル ■ アイデア発散法　■ 情報整理法
想定授業時間数：45分
用意するもの：付せん（1人30枚程度） ※次ページの用紙を印刷して使う場合は、ハサミがあればよい。
授業のポイント →高校までの学習ではあまり必要とされないアイデア発散力と、体験的に身につけてきた情報整理法をあわせて教えることができます。 →題材は、専門に関わるものでも構いませんが、まずは身近なものから始めるとよいでしょう。
授業の効果 ①グループワークを通して、楽しみながらアイデア発散・情報整理法を学ぶことができます。 ②他人のアイデア力に感心したり、自らのアイデア力のなさに落胆したりと発見が多い内容です。

授業の流れ

項　目	教　員　の　行　動	学生の行動
授業開始前	①付せんを配布する。もしくは次ページの用紙を配布し、点線部分をハサミで切り、24枚のカードを作っておくよう指示する。	カードを作成する。
課題の指示とアイデア発散ワーク（20分）	①「整理」とは何かについて説明をする。 「『広辞苑』によれば、「整理」とは、「乱れた状態にあるものをととのえ、秩序正しくすること」と「不必要なものを取り除くこと」とあります。これから前者を実践してもらいます」 ②課題を指示する。 「これから新聞紙の「読む」以外の用途を考えてもらいます。思いついたアイデアを一枚の付せん（カード）に一つ書いてください。アイデア発散の際には以下の四つのルールが大切です。判断延期、自由奔放、質より量、結合改善（資料No.11）」 ③アイデア発散のワークと共有 個人ワーク（7分）。学生のペンが止まってきたら、近くの3〜4人でグループを作らせ、共有させる（13分）。 ※個人ワークで出たアイデア数を聞いて、アイデア発散力の高い学生を褒めてあげるのもよい。 ※付せん（カード）を机上に並べる。	アイデアを書きだす。 グループ内で発表する。
情報整理ワーク（25分）	①三つの秩序に従ってアイデアを整理させる。 「これから三つの秩序で付せんを並べかえてもらいます」 ・同質性：似たもの同士でまとめる（7分）。 ・順次性：新聞をできるだけ長い間使えるよう並べ替える（7分）。 ・優先順位性：奇抜なアイデアベスト3を選出する（7分）。 　※教室内を回り早くできあがったグループにはコメントする。 　※優先順位性の秩序で並べた結果（ベスト1のみ）を各グループに発表してもらうと盛り上がる。	情報を整理する。

キリトリ

キリトリ

（3）文章での表現法

情報収集・整理法と発想法を習得したら、それを文章で表現するスキルが必要となります。ここではレポートや論文を執筆する際に必要な、要約力、文章構成力に加えて、学問的誠実性を教えることで、コピー＆ペーストに頼らない文章表現法を教えるための教材を集めました。また学生同士による教えあい・学びあう力（ピア・エデュケーション）を活用し、教員の負荷を高めずに、文章力を育成するものを選びました。

No. 13
要約力トレーニング

学生に習得してほしいスキル
■ コミュニケーション技法　■ 要約力　■ 情報整理法　■ メモ・ノートテイキング技法
想定授業時間数：90分（1回）もしくは90分＋20分（2回）
用意するもの ・映像教材（10分程度）　※ニュース番組の短い特集などが適している。 ・プロジェクター＆スクリーンもしくはテレビ ・要約力評価シート（資料No.14） ・原稿用紙（人数分＋グループ数） ・付せん（1人×10枚） ・OHC（あるいは模造紙×グループ数）※グループで作成した要約文を掲げるため。
授業のポイント →学生は映像教材を視聴しながらメモを取り、字数制限と時間制限のなかでそれを要約します。さらにグループで学生同士が要約文を比べあい、共通の要素を抜き出していくとともに、自分の要約に欠けていた部分を他者の要約文から補い、要約文の内容を高めていきます。 →作業進度が大きく異なる場合、グループ発表は次のコマに行ってもよい。 →グループ発表を省略し、グループごとの要約文を提出させ、添削し人数分コピーして返却してもよい。
授業の効果 ①印刷物の要約は作業に安心感はありますが、緊張感に欠けます。その点、映像教材からメモを取るためには高度な集中力が要求されるので学生の学習意欲を高めます。 ②学生一人の要約では聞き逃しなどもあるでしょうが、グループワークによって、学生自身が（他者と比較して）自分の要約の質を確認し、不足点が補完されより良いものに高められていきます。学生は教員からの指摘よりも他の学生から大きな刺激を受けます。 ③グループごとに完成した要約文を発表させることで、競争心が学習意欲を高めます。

授業の流れ

項　目	教　員　の　行　動	学生の行動
課題の説明（5分）	課題を説明する。原稿用紙を配付する。	原稿用紙に記名する。
映像視聴（10分）	映像教材を映写する。	メモを取りながら教材を視聴する。
個人ワーク（15分）	席を回って適宜声かけする。	原稿用紙に映像内容の要約文（200字程度）を作成する。
グループワーク（40分）	①4名でグループを作るように指示する。 　※各自の要約は途中でも構わない。 ②付せんを配付して、共通要素の抜き出しを指示する。（25分） 　※少数意見も無視しないように伝える。 ③原稿用紙を配付し、グループで要約文を書かせる。（15分）	机や椅子を並べ換える。 各自が隣の学生の要約文のキーワードを付せんに記入する。それをグループで共有する。共通要素を元に、グループの要約文を書く。発表者を決める。
発表（15分）	発表会の進行をする。各グループの要約文にコメントする。	グループごとに完成した要約文を発表、他のグループの要約文について意見・感想を述べる。
まとめ（5分）	まとめと次回の課題を説明する。	要約力評価シートに記入する。

No. 14
要約力評価シート

1. 映像の内容はよく分かりましたか。
   よくわかった／まあまあわかった／あまりわからなかった／全くわからなかった

2. 映像を見ながらメモが取れましたか。
   十分取れた／まあまあ取れた／あまり取れなかった／全く取れなかった

3. 自分で書いた要約文を自己採点してください。　　　100点満点中　（　　）点

4. 自分の要約文の良かったところ、良くなかったところを指摘してください。

5. グループワークでは積極的に発言できましたか。
   YES／NO（NOの場合は、何が原因だと思うか、どうしたらよかったと思うかを書いてください）

6. グループワークで作った要約文を自己採点してください。　100点満点中　（　　）点

7. グループの要約文の良かったところ、良くなかったところを指摘してください。

8. グループワークをするまで気がつかなかったことがあれば指摘してください。

No. 15
自分史づくり

学生に習得してほしいスキル
■ レポート作成法

想定授業時間数：1カ月ほどの作成期間を設定するとよい

用意するもの：なし

授業のポイント
→学生に自らの歴史（自分史）を書かせる課題です。2,000〜4,000字程度（学生にあわせる）の文字数が適切でしょう。
→文章作成経験が少ない学生や文章作成に苦手意識を持つ学生にとって、書くことに対する抵抗感を下げることができます。自分史は最も身近な話題であり、図書館等で資料を収集しなくても文章を書くことができます。レポートや論文作成の前段階で課すとよいでしょう。
→コピー＆ペーストによらず、自分の言葉で文章を作成することの意味を理解させる機会となります。
→自分史は論説文ではなく随筆文なので、厳密な評価は難しいですが、最低限の文章作成ルールを順守するように伝えます。
→プライバシーについては十分配慮します。

授業の効果
①学生が自分自身を見つめ直す機会となります。不本意で入学した学生もあらためて、今ここにいる自分を見つめ直すことで、今後の学生生活を前向きに過ごすために何が必要かを考える機会となります。
②学生が自分の歴史を表現することは勇気のいることです。簡単なものでもコメントを付すなどして、しっかりと目を通したことを伝えましょう。初年次の学生にとっては大事なことです。

課題の指示内容
★課題内容
・自らの歴史を書く。
・書きたくないことは書かなくなくても構わない。
・最後は「そういうわけで、私は今ここにいる」と結ぶこと。
★自分史作成のルール
・口語体で書かない
・誤字・脱字を書かない
・主語と述語を対応させる
・段落を区切る
・「だ・である体」で書く
★プライバシーに関わる留意事項
・書かれた自分史は、レポート作成のトレーニングのためのものであり、教員はその内容を公言しない。
・ただし同世代の自分史を共有することは意味のあることなので、共有希望者は、その旨を申告することで、共有を申し出たもののみが閲覧できる冊子を受け取ることができる。

No. 16
レポート作成のポイントA

1. 大学でレポートを書くという課題が多く出されるのはどうしてか？
　①大学での学びは、各自が自分で調べ、分析し、まとめる作業が柱となるから。
　②レポートを書くことは、自分で調べ、分析し、考えをまとめる作業であるから。
　③レポートは、その人がしっかりと学んだことの証拠を示す文書であるから。

2. レポートには相手がいて、目的と課題がある
　①レポートは何からの目的で誰かに何かを報告する文書のこと。
　②自分の考えをまとめ記録するだけでなく、それが相手に伝わる必要がある。
　③大学では、受講生が授業をどこまで理解しているかを評価する目的で、その授業の目的・到達目標に即した課題について、授業担当教員に提出することが大半。
　④大学でのレポートは、個別課題に即して具体的に何が求められているのかを把握し、これにピントを合わせて書く必要がある。

3. レポートには守るべき条件がある
　①〆切（提出）期限、分量（字数・枚数等）、提出先を守ること。
　②題目、執筆者名（グループで作成した場合は、分担者と分担箇所を明記）、所属（大学、学部、学科、学籍番号）は必ず書く。

4. レポートを書くにあたってのスタンスを決める
　①求められているレポートの性格をよく考え、書く作業に向けたスタンスを決める。
　②大学で求められるレポートの基本は「報告書」であることに注意すること。
　　・何らかの課題に即して事実の調査・検討の結果を報告する。
　　・調査手順や分析方法等、報告者（執筆者）の観点の呈示が求められる。
　　・報告内容は事実としての正確さや客観性が重視される。
　　・報告者の意見・見解は事実の調査・分析から導かれることが求められる。
　　・「報告書」では上記を無視した意見・見解を書くと評価されない。レポートは「感想文」ではない。

5. 準備を始める（調査・研究に取り組む）
　①課題を把握する：必要な学習戦略を模索する。
　　・報告内容の中心となる話題（主題、テーマ）を設定する。
　　・課題が与えられる場合は授業内容との関連から、出題のねらいを把握する。
　　・自分で課題を立てる場合は、なぜ、また何をねらっているのかを把握する。

②報告内容を調達する：調査に取り組む。
- 課題の背景となる予備知識を得る。
- 課題についての調査を行う。
  （図書・学術雑誌・インターネット等による情報検索、実地調査や実験実施、調査ノートを作る）

③調査結果を整理する。
  （調べた事の集計・分析・総合を行う）

④考察する。
  （調査のプロセスで気がついたこと、調査の結果分かったことを、既に知られていることと付き合わせ、自分なりの知見へとまとめる）

6. レポートの構想を練る

①課題に即して記述内容の基本的構成を考える。
- どうしても言及すべきポイントをメモする（キーワード探し）。
- 各ポイントの関係・順序を考える（キーワード連結）。
- 観点を明確にする。
- アウトライン（論理的構成のための目次案）を考える。

②必要な資料を準備する
- 既存の資料（図、表、文献、調査ノート等）をそろえる。
- 基本資料（調査データ、分析グラフや表、説明図、文献一覧等）の原稿を作る。

7. 本文を書き始めるにあたって

①レポートには一定の書式（典型的な記述順序・構成法・言葉の使い方）がある。これは書く思考をまとめる（問題を説明、分析、解決する）順序・形式と、読んで理解してもらう順序を多くの人が長年にわたり試行して定着した文書形式のことで、通常は、これにしたがって書くことを推奨する。

②自分に合った表現方法を駆使できるのは望ましいことと言える。しかしこれも書式の基本を理解した上でのことであり、いたずらに新奇な表現を追求するのは逆効果である。

③必ず下書きをすること。誰にでも間違いはつきもの。誤字・脱字、課題の把握ミス、論理矛盾などはマイナス評価となる。1度下書きをして、一晩おいてから読み直すと間違いに気がつく。

8. 本文の標準的構成

①序論（問題提起）
- このレポートで自分がどんな疑問に答えようとしているのかを簡潔に書く。上記5の①および②で得た知見に基づき、このレポートの目標を明示する。
- 課題に取り組むにあたっての観点を示す観点とは単なる個人的見方ではない。それは授業のベースにある知識体系を執筆者が課題に即してどのように理解しているかを示す知見のこと。

②本論（問題解決に向けたプロセスの呈示）
　そのレポートに求められる文書としての性格により構成・形式は変わってくる。
　　例：調査結果の報告
　　　a　序論：調査の目的：問題意識
　　　b　本論：調査の方法：調査対象範囲、調査手段、調査項目など
　　　c　本論：調査の結果：調査で分かった事実、調査の集計結果など
　　　d　本論：調査の分析：分析の方法、分析の結果など
　　　e　本論：調査結果の考察
　　　f　結論：調査・研究の結果、明確になった事実、提言
③結論：問題への答え
- 調査の結果、何が分かったのか、何を提案するのか、の簡潔なまとめ。
- 本文から導かれた論理的な帰結であることが必要。結論では自分の考えを入れようとして無理をしない。本論の論理を簡潔にまとめるだけでも十分に結論として通用する。

9. 文章を書く時の技術的な約束事

①段落（パラグラフ）を頻繁にかえない
- レポートのパラグラフは一つの話題から成る文の単位のこと。
- 段落は単に読みやすい長さで切るのではなく、一つのことを書き、内容的なまとまりをつける。

②文体を統一する
- いろいろな文体がまじると思考の流れに乱れが生じ読みにくい。「だ・である」と「です・ます」は区別する。
- 特にグループでレポートを作成する場合には、文体統一のチェックは必須。

③引用の取り扱い
- 文中でなんらかの文献・図書を引用する場合は必ずその旨を明記する。
- 明記しないのは不可（剽窃・盗作とされる）。
- 引用を適切に行うことは学習努力の証拠として評価される。
- 引用の仕方には二つのパターンがある。
  〈誰かの文章に含まれる知見を要約してレポートに挿入する場合の例〉
  　ヘルディング, K.（1995、p.112 以下）によると、ピカソの芸術はニーチェ哲学の影響を受けている。
  〈原典から直接、ある箇所を抜き出して引用する場合の例〉
  　ヘルディング, K. は書いている（1995、p.14）。「《アヴィニオンの娘たち》をピカソの疾風怒濤時代の最高傑作とみなすことに、今日異論はないであろう」。
- レポートの最後に引用文献リストをつけること。次の情報を書く。
  著者名／刊行年／タイトル／掲載誌・巻号（学術論文の場合）／出版社／頁
- 翻訳書の文献リストは下記のように書く
  ヘルディング, K. 、井面信行（訳）1995『ピカソ《アヴィニオンの娘たち》：アヴァンギャルドの挑発』三元社（Herding, K. 1992 *Les Demoiselles d'Avigion: Die Herausfordeung der Avangarde*, Fischer Taschenbuch Verlag GmbH, Frankfurt an Main）

No. 17
レポート作成のポイントB

1. 文章の種類
　説明的文章／文学的文章／個人的文章

2. 事実と意見
　■事実＝証拠を挙げて裏付けできるもの
　　・自然界に起こる事象や自然法則。
　　・テストや調査によって真偽を客観的に判定できるもの。
　　・自分が直接経験した事実。
　　・他人の口や筆を通して知った事実。
　■意見＝何事かについてある人が下す判断
　　・推論：ある前提に基づく推理の結論。
　　・判断：物事のあり方、内容、価値などを見極めてまとめた考え。
　　・意見：自分なりに考え、感じて到達した結論の総称。
　　　→両者を区別して記述する！！

3. レポート作成の手順
　①課題が与えられる
　②課題の絞込み
　③材料集め
　④全体構成
　⑤文章を書く
　⑥推敲する
　⑦レポート提出

　■よくある不適格なレポート
　　・指定された提出期日・様式が守られていない。
　　・必要事項が表紙に書き込まれていない。
　　・ホチキスで留められていない。

　■よくある不適格なメール（メール提出の場合）
　　・差出人名がない・ニックネームになっている。
　　・サブジェクト（表題）が書かれていない。
　　・本文冒頭に氏名がない。
　　・パソコンの日付や時刻が不正確。

4. 文章作成のルール
　■よくある不適格な文章
　　・「である体」「です・ます体」が混在。
　　・「〜と思う」「〜と思います」「〜はいかがなものか」
　　・「私は〜」「僕は〜」
　　・誤字・脱字が多い。
　　・話し言葉、メール文字が使われている。
　　・1文が長すぎる＝1文は40字。
　　・段落がない、少なすぎる。1段落＝5〜6行／1ページ＝5段落
　　・アルファベットと算用数字が全角。

■引用のしかた
- 引用…レポート・論文の中で他人の意見を紹介すること。
- 他人の意見と自分の意見をはっきりわかるように書かないと、「盗作」「剽窃」と見なされる。

①他人の文章をそのまま使う場合
- 著者名（出版年）は「引用文（掲載ページ）」と述べている。
- 著者名（出版年）によると「引用文（掲載ページ）」ということである。

②他人の文章を要約して使う場合
- 著者名（出版年）は、〜要約文〜としている。
- 著者名（出版年）によると、〜要約文〜ということである。

■参考文献リスト表記法
①著書の場合
　著者名、出版年、本の題名、出版社名

> 文京町子（2002）『教育マネジメント理論』伊予出版
> Dannelle, S. W. (1990) *Theory of Peer Education.* New York: Root Books

②論文が学術雑誌に掲載されている場合
　著者名、出版年、論文題名、論文が掲載されている雑誌名、雑誌の巻数・号数、掲載ページ

> 松山花子（2000）「20世紀美術鑑賞の教育技法」『芸術教育』21号，pp. 35-47
> Throw, M. (1989) "Development of Changing World." *Journal of Sociology*, vol. 98, pp. 45-50

③論文が論文集に掲載されている場合
　著者名、出版年、論文題名、論文集の編著者名、論文が掲載されている論文集名、出版社名、掲載ページ

> 愛大太郎（2008）「愛媛の芸能」道後二郎（編）『愛媛の歴史と文化』愛大出版会，pp. 35-45
> Brown, C. (2007) "Computer supported cooperative work." In M. Smith (Ed.), *Human-Computer Interaction*, London: ABC Press, pp. 45-50

④インターネットの場合
　資料名、サイトの管理団体・組織名、サイトアドレス、検索日

> 「平成17年度大学・大学院における教員養成推進プログラム選定プロジェクト一覧」，文部科学省，http://www.mext.go.jp/a_menu/koutou/kaikaku/kekka/05083001/003.htm（2006.5.15）

5. 参考文献
学習技術研究会（2006）『知へのステップ——大学生からのスタディ・スキルズ』くろしお出版
藤田哲也（2006）『大学基礎講座』北大路書房
田中共子（2003）『よくわかる学びの技法』ミネルヴァ書房

No. 18
レポート作成のポイントC

1. レポート用紙は左側（ないし上側）をホチキスで綴じてください。
綴じる向きを揃えるのは読み手の読みやすさのため、ホチキスで留めるのはページが抜け落ちるのを防ぐためです。

2. 表紙をつけてください。
用紙は自由ですが、共通教育係にも専用の用紙があります。採点等に必要な情報（名前、学生番号、タイトル、授業名）を表紙に書きます。

3. レポートを書くときには、以下のようなことに注意するとよいでしょう。
(1) 理想的と思われる学生レポートの"形"＝"読みやすさ"がレポートの命（機能）!!
　①表紙（見た目・形も大切）
　②イントロ（知的で魅力的）
　③問題提起（簡潔に明解に）
　④資料引用（引用部を明示）：適切な絵、図表やグラフ
　⑤議論展開（知的ユーモア）：対比、類似、相違、比喩
　⑥結論・結語（短いまとめ）
　⑦引用文献（URLなども）

(2) 全体をいくつかの「章」に分けるのがいいでしょう。
各章にはその内容を端的に表す分かりやすいタイトルをつけ、大きめな文字か下線などで目立たせると、ストーリーが把握しやすくなります。

(3) ページ番号（通常は用紙の下が良い）をつけてください。
各章にも番号（第2章、4－1 等）をつけるとよい。レポートの中の別の場所を参照するときに便利です。

(4) 本筋からそれる内容については脚注を使ったり、文末に注をまとめたりできます。
これもストーリーの流れを読みやすくする工夫です。読み直して後から気がついたことを書き足したいときにも便利な方法です。

(5) 引用した部分が読み手に分かるようにしてください。
引用部分は、「　」の中に書き、最後に（　）で引用元を添えるのを推奨。また、引用部分の前後はそれぞれ1行空けて、引用したことが一見して分かるように！

　※注意!!　他人が書いたり描いたりしたもの（図書や論文、ホームページなど）を引用した箇所が分かりにくいレポートはカンニングとみなされることがあります。引用した部分は自分で書いた部分と区別して書く（カッコでくくる、前後に行を空ける、イタリックや下線で目立たせる、など）とともに、かならず引用先を明記しておきます。

(6) 最後に引用文献のリストをつけてください。
文章を書くときのマナーです。「謝辞」を添えることもあります。インターネット上の情報を引用したときにはURLアドレスを書いてください。

(7) 自分の分のコピーを取っておくと良いでしょう。原本の方を提出します。

No. 19
学問的誠実性

1. 学問的誠実性（アカデミック・インテグリティ）

学問的に誠実であることは、教員であれ、学生であれ、アカデミックな世界の住人にとっては必須条件です。学問的誠実性を持っている学生は、大学を卒業する時、自信を持って社会に出るでしょう。学問的誠実性を持っていない学生は、大学を卒業する時、モヤモヤした気持ちを持って社会に出ることになるでしょう。

学問的誠実性を持っている学生の単位は、たとえその成績が「優」でなかったとしても、正直な努力に対する評価として意味を持ちます。学問的誠実性を持っていない学生の単位は、たとえその成績が「優」だったとしても、虚構の評価であり意味を持ちません。大学に籍をおいたものであれば、必ず知っておいてほしい言葉、それが学問的誠実性です。

2. 剽窃（ひょうせつ）とは何か？

学問的に誠実であるとはどういうことなのかを考えるために、逆に学問的に誠実ではない行為の例をあげてみましょう。

- 他の誰かが書いたものを自分が書いたように見せかけること。
- 注釈（参考にした本の名前などを書くこと）をつけずに誰かの書いた内容を繰り返すこと。

こうした学問的に誠実ではない行為は「剽窃」と呼ばれています。他人の考えや主張を断りもなしに使うことであり、学問の世界では、最も恥ずかしい罪であり、禁じられています。

なぜならば、第一に、他人が書いたものや考えは「知的財産」であり、お金や土地などと同じく扱われます。だから剽窃は財産を盗むという犯罪行為なのです。

第二に、このような行為が許されると、諸先輩たちが築き上げた学問的遺産の歴史が混乱してしまい、正しく学問が継承されなくなってしまう可能性があるからです。

誰かの考えや理論・意見（本・論文やインターネットの文章）、音楽、絵画、写真、図表などを使って文章を書く場合には、剽窃にならないよう引用する必要があります。もちろん引用は、きちんとルールさえ守れば、周到に準備された文章であることを示すものであり、むしろ推奨されるべきことです。

3. 教員の剽窃の見抜き方

教員は、剽窃を簡単に見抜くことができます。教員はその道の専門家であり、あなたよりもその分野に関する文献を多く読んでいます。またこれまで多くの学生のレポートや論文を読んでいるので、すぐに不自然な部分を特定できます。そして多くの場合、どこから引用したのかさえも特定可能なのです。

4. 正しい引用の仕方
○他人の文章をそのまま使う場合の例

> パターン1：著者名（出版年）は「引用文（掲載ページ）」と述べている。
> 例：佐藤（2002）は、大学生のコミュニケーション能力の変化の原因には、「日本における高等教育機関の大衆化がある（p.39）」と述べている。

> パターン2：著者名（出版年）によると「引用文（掲載ページ）」である。
> 例：佐藤（2002）によると、大学生のコミュニケーション能力の変化の原因には「日本における高等教育機関の大衆化（p.39）」がある。

> パターン3：「引用文」（著者名、出版年）である。
> 例：大学生のコミュニケーション能力の変化の原因には「日本における高等教育機関の大衆化」（佐藤、2002）がある。

○他人の文章を要約して使う場合の例

> パターン1：著者名（出版年）は、… 要約文 …と述べている。
> 例：佐藤（2002）は、大学生のコミュニケーション能力の変化の原因には、日本における高等教育機関の大衆化があると述べている。

> パターン2：著者名（出版年）によると、… 要約文 …。
> 例：佐藤（2002）によると、大学生のコミュニケーション能力の変化の原因として考えられるものの一つが、高等教育機関の大衆化である。

> パターン3：… 要約文 …である（著者名、出版年）。
> 例：大学生のコミュニケーション能力の変化の原因として考えられるものの一つが、高等教育機関の大衆化である（佐藤、2002）。

5. カンニング

　ここまで読めば、同様の理由からカンニングが許されないこともわかるでしょう。他人の考えを盗み見ることは犯罪です。たとえクラスメイトが納得の上で、あなたに解答を見せたとしても、それは許される行為ではありません。その行為は学問的誠実性を守り続けている大学や学問を侮辱する行為であり、厳しく処罰されます。

6. 代返・代筆

　出席を取る授業の場合、休んだ友人に代わってあなたが返事や署名をするよう依頼されることもあるかもしれません。それも学問的誠実性に反する行為です。頼まれたら勇気を出して、断らねばなりません。声色や筆跡で、本人ではないことが判明した場合、依頼した学生と依頼された学生の両方ともが処罰されます。その扱いは教員によって異なりますが、出席の取り消し、単位の取り消しという場合もあります。

7. 他の授業で使用したレポートの再利用

　以前に書いたレポートを再度、別の授業のレポートとして使用してよいのでしょうか。原則はダメです。「原則」と書いたのは、前回書いた内容をさらに発展させて、大幅に書き直すという場合が想定されるからです。

（4）口頭での表現法

文章で表現するスキルと並んで、その重要性が指摘されるのは口頭で表現するスキルです。自らの主張を適切な言語／非言語のコミュニケーションスキルを用いて、表現する能力です。ボディ・ランゲージを駆使し、弁舌軽やかに話すことだけではなく、論理的で、かつ適切な語彙を使った、説得力ある表現技法を育成することが求められます。単純な意見表明から、複雑なプレゼンテーション技法まで、学生のニーズにあわせて使える教材を集めました。また学生同士の相互作用を活用することで（ピア・エデュケーション）、口頭での表現が苦手な教員にも使いやすい教材をとりあげています。

No. 20
意見表明スケール

学生に習得してほしいスキル ■コミュニケーション技法　■プレゼンテーション技法
想定授業時間数：30分～90分
用意するもの：特になし
授業のポイント →自分の意見を主張することは大学では必要なスキルですが、高校までは、その機会は多くはありません。そこで、論争になりそうなテーマを選び、身体を使いながら意見表明させることで、自分の意見を明確にする初歩的なトレーニングが必要です。 →白か黒かといった二者択一の意見表明ではなく、スケール（ものさし）を想定して、微小な意見の差を表明させます。 →どのようなテーマを選んでも構いませんが、学生にとって適切な内容かどうかをよく見極めることが必要です。 →全員の参加を促す必要がありますが、立場を表明したくないという学生も大切にしなければなりません。それは熟考の証でもあるからです。 →教員が自己の意見を主張して誘導しないように注意します。学生の意見に対して「私もそう思う」という表現も避けます。「なるほど」というコメントは適切です。この授業の目的は、学生が多様な意見から自らの意見を選択し、選択した理由をきちんと説明できるようにすることにあるからです。 →想定される反応をイメージしておくことが必要です。
授業の効果 ①学生は皆多様な考えを持っていることを理解し、自分の意見を表明することを恐れないようになります。

授業の流れ

項　目	教　員　の　行　動	学生の行動
課題の説明 （5分）	ルールを説明する。教室内に広いスペースがあれば、真ん中に立つ。 「これから私がいくつかの意見を述べます。もし強く賛成するならば右端、強く反対するならば左端に移動してください。賛成・反対の度合いにあわせて、両者の間のどこに立っても構いません」 もしスペースが限られているのであれば、教室の四隅を、強く賛成、まあ賛成、まあ反対、強く反対とする。 「移動した後に、私が何人かになぜその位置にいるのかを尋ねますので答えてください。他人の意見を聞いた結果、意見が変わった場合、移動するのは自由です」	説明を聞く。
意見の説明と移動 （5分）	「それではこれから意見を述べていきます。…（意見）…移動してください」 意見の例 ・「クラシック音楽が好きである」 ・「犬か猫かと言われれば、犬が好きである」 ※食べ物、動物、植物、趣味等の好き嫌いは、明確に意見表明しやすいテーマである。 ・「たくさんの友達とわいわいやるよりも、2、3人の友人と静かに時間を過ごす方が好きである」 ※自分の性格、社会性に関する質問等は、自己と他者の考え方を知る良いテーマである。 ・「電車の中で化粧をすることは良くない」 ・「小学生が携帯電話を持つことは良くない」 ・「首相を、国民投票で選出すべきである」 ・「小学校から英語教育を導入すべきである」 ※最初は意見表明しやすい単純な質問から始め、徐々に論争的なものにしていく。	意見を聞いて、自分の意見を表明する位置に移動する。
質問 （15分）	移動後に、学生に尋ねる基本の質問は「なぜあなたは、この意見に強く賛成、もしくは反対するのですか？」というものである。	教員からの質問に答える。
まとめ （5分）	まとめと次回の課題を説明する。	

No. 21
ディベート入門

学生に習得してほしいスキル
■コミュニケーション技法　■グループワークの技法　■プレゼンテーション技法　■情報収集法
想定授業時間数：100分（1回目最後の10分、2回目の90分。両回の間は2～3週間あけるとよい）
用意するもの：ディベートの進め方（資料編No.22）
授業のポイント →ディベートとは、特定の公的なテーマの是非について、2グループの話し手が、賛成・反対の立場で議論を行うことであるが、その内容について、教員は否定しないこと。他人の意見を正確に聞き、自分の意見を考えどおりに話せたかを大切にします。ここで紹介するのは、本格的なディベートではなく、簡易なものです。 →授業の全てをディベートで行うこともできるし、1回のみ取り入れることもできます。大人数の授業であっても実施可能です。 →テーマの選択方法は、①学生に自由に決めさせる、②複数のテーマをリストアップし、その中から選択させる、③教員がテーマを与える、などがあります。学生の状況にあわせて選択方法を変更するとよいでしょう。
授業の効果 ①客観的・批判的・複眼的な視点を身につけることができます。 ②論理的に自らの意見を人前で話すことできるようになります。 ③情報収集・整理技法を身につけることができます。

授業の流れ

項　目	教　員　の　行　動	学生の行動
1コマ目（ディベートを実施する授業の1カ月前が適切。授業の終わりの10分程度を使う）	①ディベートについての基礎知識を説明する。 ②ディベートの準備として、参加希望者を募集する。参加者にはポイント付与などの特典をつけるとよい。 ③授業終了後に、メンバーを集めて、課題の再確認を行う。発表当日まで、2～3週間以上間をあけた方がしっかりとした発表になる。	司会（1名）：発表者の発表内容とその周辺の知識を事前に収集しておく。賛成・反対各グループの打ち合わせに出るのもよい。発表当日前に一度教員と打ち合わせするとよい。 発表者（4名程度で1グループを編成する）：討議のテーマに関して、資料を収集し、発表内容をまとめて、練習をしておく。
2コマ目（ディベート、90分）	①司会の学生に任せて、進行させる。 ②授業終了後には、メンバーを集めて、感想を聞く。参加してくれたことにあらためて感謝の意を表して終了する。 ③次回の授業までに、聴衆の学生の評価をまとめて、評価表を完成させ、ディベートメンバーに配布する。（資料No.24）	メンバーはディベートを行う。それ以外の学生はディベートを聞きながら、双方を評価し、自分の意見を決める。

No. 22
ディベートの進め方

■当日まで
　①メンバー全員でテーマを決める。
　②賛成・反対グループに分かれる。
　③情報を集める。
　④プレゼンテーション方法を考え、予備練習をする。

■当日の流れ
　①司会によるテーマの説明、メンバー紹介（5分）
　②賛成側立論（6分）
　③反対側質疑（3分）
　④反対側立論（6分）
　⑤賛成側質疑（3分）
　⑥グループ会議（3分）
　⑦反対側第1反ばく（5分）
　⑧賛成側第1反ばく（5分）
　⑨グループ会議（5分）
　⑩反対側第2反ばく（5分）
　⑪賛成側第2反ばく（5分）
　⑫聴衆による判定と教員の講評（5分）

　　※立論は、データを効果的に使用し、説得力をもたせること。
　　※質疑は、直前の立論担当者に直接1対1で質問し、答えを求めること。質疑以外は、原則として話し手以外は発言できない。
　　※反ばくは、相手側立論の根拠の薄弱な点、矛盾点などを、冷静に指摘すること。感情的、攻撃的な反論では、筋が通っていても、聴衆に訴えることができない。
　　※司会は、時間どおりに議事が進行するように時間を管理する。
　　※司会は、ディスカッションの内容が横道にそれた場合、発言者の意味が不明な場合、軌道修正すること。
　　※司会は、どちらかの立場を支持する言動をいってはならない。

■終了後
　①振り返り（メンバー全員と教員）：15分程度

No. 23
ディベート論題リスト

〈政治〉
- 首相公選制は導入すべきか。
- 首都は移転すべきか。
- 日本は参議院を廃止し、一院制にするべきか。

〈経済〉
- 消費税率を引き上げるべきか、引き下げるべきか。
- サマータイム制を導入するべきか。
- 日本は救急車を有料化すべきか。
- 日本はレジ袋税を導入すべきか。
- 日本は労働者派遣を禁止すべきか。
- 日本は小売店の深夜営業を禁止すべきか。

〈教育〉
- 学校給食は廃止するべきか。
- 日本は未成年者の携帯電話使用を大幅に制限するべきか。
- テレビゲームは子供に有害か。
- 大学の学費を全額無料化すべきか。
- 日本は教科書検定を廃止すべきか。
- 日本は高校を義務教育とすべきか。
- 日本は教員免許を更新制にするべきか。
- 日本は中学校・高校の管理職に民間出身者をもっと採用すべきか。

〈権利〉
- 日本は夫婦別姓選択制を導入すべきか。
- 日本は犯罪者および犯罪被害者の実名報道を禁止すべきか。
- 日本は選挙権を18歳以上に引き下げるべきか。
- 日本は積極的安楽死を法的に認めるべきか。

〈社会〉
- 死刑制度は廃止するべきか。
- 安楽死を医療行為として合法化すべきか。
- 遺伝子組み換え食品は禁止すべきか。
- 日本はたばこ類の製造・販売を全面的に禁止すべきか。
- 日本はすべての原子力発電を代替発電に切り替えるべきか。
- 日本はすべての動物園を廃止するべきか。
- 日本はすべの乗用自動車を電気自動車に切り替えるべきか。

No. 24
ディベート評価シート例

	賛成派チーム		反対派チーム	
	教員評価	学生評価	教員評価	学生評価
資料収集能力	8	6.4	8	5.4
資料解釈能力	8	5.5	8	5.7
論理性	7	5	7	5
発表能力	8	5.3	7	5
チームワーク能力	8	5.7	8	5.7
計	39	28	38	27

■講評

〈賛成派〉

- 今回テーマである小学校での英語教育導入について、賛成の根拠を三つあげてくれました。それぞれデータに基づいた良い立論でしたが、三つめの立論についてはデータの出典が不明確であり、説明も荒い印象を受けました。
- 膨大な量の資料を収集してくれました。それぞれの資料の読み込みもしっかりしていました。ただし、提示する量が多かったため、聴衆からはどこを見てよいか迷ったとの声もありました。資料を精選して提示することで、より説得力が増すでしょう。
- 4人のプレゼン能力は非常に高いです。
- グループ分裂の危機を乗り越え、チームワーク能力を発揮してくれました。

〈反対派〉

- 実際に学校に行って聴き取り調査をしたことは高く評価されます。今後もこうした一次資料に基づく発表を期待します。
- 配布資料もわかりやすくまとめられていました。
- プレゼンテーションソフトを使わず模造紙を使ったことは効果的でした。
- 声の大きさ、マイクの使い方、話し方の点では改良の余地があります。ビデオ映像をもう一度振り返って見てください。
- 質問は正確でしたが、相手側が答えている時は、聞いていることをきちんと示しましょう。
- チーム結成当初から、団結して作業を進めてくれました。

No. 25
100円ショップ・プレゼンテーション

学生に習得してほしいスキル ■コミュニケーション技法　■グループワークの技法　■プレゼンテーション技法 ■アイデア発想法
想定授業時間数：180分（90分×2回）
用意するもの：100円ショップで購入した商品（グループで一つ）、模造紙（グループ数×1枚）、水性マーカー
授業のポイント →本格的なプレゼンテーションの前に行う発表練習です。100円ショップで商品を購入し、テレビショッピング風に商品の特徴をアピールします。いずれも学生にとって馴染みのあるものなので、学生の関心を集めることができます。
授業の効果 効果的なプレゼンを行うためには何が必要か、テレビや日常生活を通して、観察、注目するようになります。

授業の流れ

項目	教員の行動	学生の行動
1コマ目（プレゼンテーションを実施する授業の1週間前、90分）	①大学の近くの100円ショップに学生を引率する（現地集合でも構わない）。 ②紹介をしたい商品をグループ（4、5人で1グループ）で一つ選び、購入する。 ③翌週に行う商品紹介プレゼンテーションの準備を行う。全員参加で準備をさせるために、プレゼンテーションソフトを使用するよりは、模造紙を使ったプレゼンテーションが望ましい。 ④望ましいプレゼンテーションについて説明する。（資料No. 26～28） ※大学の近隣に100円ショップがない場合は、教員が事前に商品を購入して配布する。	100円ショップに移動する。 商品を選択し、購入する。 プレゼンテーションの準備を行う。授業中に終わらなければ、授業時間外学習で補う。
2コマ目 （90分）	①各グループに発表をしてもらう。 ②グループへの評価を行う。（資料No. 29～32）	プレゼンテーションを行う。それ以外の学生は発表を聞きながら、評価を行う。

No. 26
プレゼンテーションのコツA

1. プレゼンテーションの三つの柱
①〈熱意〉話し方の基礎・基本：聞きやすい話／好感を与える態度
②〈技法〉プレゼンテーションの三原則：印象深さ／構成の型／ビジュアル化
③〈内容〉内容の組み立て：論理性／簡潔さ／わかりやすさ

2. プレゼンテーションがうまく行かない原因
- コンセプトが明確になっていない。
- 情報の整理が不十分な上、説明の順序に工夫がない。
- 関連分野・情報の調査が不足している。

3. コンセプトを明確にするトレーニング
以下の二つのステップを踏んで作業を進めます。

■ステップ①コンセプトを「4項目」にまとめてみる
- テーマ：自分の得意とする分野で、聞き手をふまえて、要点を具体化して絞り込む（20字程度で表現してみましょう！）。
- 要点：箇条書きにして整理する、項目別にカード・付せんに書いてみる、目玉・核心といえる項目（キー・ポイント）を見つける。
- 例：具体例、比喩、引用した資料など項目別にカード・付せんに書いてみる。
- 結び：（はじめからこれと決めておかなくてもいいのです）

■ステップ②ストーリーの展開を決める
- カードに書き込んだ「要点」や「例」を並べかえてみながら、話していく順序やその時に使う具体例などを決めていきます。
- 「序論」「本論」「結論」の3パートに分けて考えるとよいでしょう。
- 「序論」はなるべく聞き手の実近な話題からスタートします。何が問題なのか、何を訴えたいのか、を明らかにします。結論をはじめに簡潔に述べると聞き手にメッセージが伝わりやすくなります。
- 「本論」ではキー・ポイントを押さえながら山場を盛り上げます。具体例、資料の提示、他との対比、などを用いるとわかりやすくなります。事実と意見とははっきり区別します。
- 全体の流れがまとまってくると、「結び」「結論」も具体的に決まってきます。例えば、要点と結論を述べた上で更なる問題提起などを盛り込みます。極力強調したい点だけに絞ることで、印象深く終えることができます。

4. 聞き手にわかりやすくする工夫
- 同音異義語にビジュアル・エイドを活用しましょう。アクセントでしか区別できない言葉（「橋」「箸」「端」）、アクセントも同じ言葉（「静的」「性的」）など。
- 専門用語に気をつける→比喩や具体例でわかりやすく！
- 書き言葉による発表原稿は、棒読みにすると聞き手には耳障り。互いに予行練習をしてみて、グループのメンバーで工夫しよう！

5. 聞き取りやすい発音とは？
①母音の区別が明瞭　②口を大きく開けてはっきり発音　③遠くまでよく聞こえる大きさ

No. 27
プレゼンテーションのコツB

1. プレゼンテーションとは？
　①限られた時間の中で、②目的のために、③相手に対して話をする、こと。

　・プレゼンテーションの要素
　　①コンテンツ（内容）　②テクニック（技術）　③ツール（道具）

　・プレゼンテーションの手順
　　目的設定→内容デザイン→リハーサル→発表→評価（自己評価・相互評価）→改善・工夫

2. わかりやすいコンテンツ（内容）
　・発表はサンドイッチ構成で。
　・最初に理解の枠組みを与えよ。
　・情報は取捨選択する。
　・アウトライン原稿を作る。

3. わかりやすくするスキル（技術）
　・聞き手とのタイムラグを知ろう。
　・間をおきながら、しみいるように。
　・一人一人の目をギュッと見て。
　・無駄な姿勢で情報を増やすな。
　・話し手と聞き手のニーズにあった服装で。
　・ビジュアル・ハンドを使おう。
　　方向性（あちら／こちら、皆さん／私…）、数値（三つあります、2番目は…）、大きさ・高さ（このくらい、拡大、削減…）、気持ち（心から、感謝…）、強調（上から下へおろす動作…）

4. リハーサルをしよう
　・時間内に読むトレーニング→時間を計測する（時計，ストップウォッチ）
　・聞きやすくするトレーニング→自分の声を録音する（ICレコーダー，携帯電話）
　・説明・説得力を持たせるトレーニング→ビデオ録画・他人に聞いてもらう

5. レジュメの作り方
　・レジュメ＝プレゼンの際，聴き手に配布しておく資料のこと。内容を簡潔にまとめたもの。
　・フレーズ化＝メッセージを短いフレーズで表現すること（数個の単語を組み合わせて、10〜15字程度で）。

6. コメント・質問の仕方

- 聞き手にもマナーがある
  うなずく／笑顔／逆アイコンタクト／メモをとる／発表者の問いかけに答える／質問する
- コメント・質問とは？
  建設的なコミュニケーションのトレーニングの場
- コメント・質問の前のお約束
  自分を名乗る／発表への感謝を述べる
- コメント・質問の種類と組み合わせ
  良いところを誉めるコメント→疑問・質問→さらに良くする提案コメント
- コメント・質問の具体例
  「大変興味深い発表をありがとうございました。テーマ設定にオリジナリティがあり、調査もしっかりされている点が素晴らしいと思います。二つ質問があります。一つ目は、『SSPS』といわれましたが、どういう意味でしょうか。二つ目は、聞き取り調査の対象人数は何人でしょうか」
- コメント・質問を受けるコツ
  事前に質問を予想して準備しておく／しっかり聞き、メモを取る／感謝を述べる／相手の質問内容を要約して繰り返す

7. 参考文献

池内健治ら（2003）『プレゼンテーション＋Power Point 2002』実教出版
上村和美・内田充美（2005）『プラクティカル・プレゼンテーション』くろしお出版
小宮清（2004）『シンプル・プレゼンの技術』日本能率協会マネジメントセンター
藤沢晃治（2002）『「わかりやすい説明」の技術』講談社

No. 28
プレゼンテーションのコツC

1. 採点に際して注目されるのは
- 課題をよく考察し、発表をよく準備したと認められたか？　　　　　（周到な準備）
- 自分達独自のアイデア・考え・意見を盛り込んでいたか？　　　　　（内容の独自性）
- 発表内容の論旨が簡潔に表現されていて解りやすかったか？　　　　（簡潔明瞭な論旨）
- 発表内容の論旨が充分に説得力を持っていると認められたか？　　　（妥当性・説得力）
- 発表内容に知的なユーモアが感じられたか？　　　　　　　　　　　（知的ユーモア）
- 他の学生や採点者からの質問に的確に答えられたか？　　　　　　　（質問への対応）
- 他の班の発表をよく理解して適切な質問をしたか？　　　　　　　　（他者の理解）

2. 持ち時間は厳守する！
　　各班が発表に使える持ち時間は（　）分である。これを越えると減点される。また、発表が（　）分を越えたら、司会者がその場で発表を打ちきる。

　　この後、司会者により、（　）分以内で質疑応答を行う（質疑応答の時間は長めに設定しておいて、時間調整のための余裕としておくと良い）。質問する際は班の番号を名乗ること。良い質問の場合にはその班に適宜加点する。

3. 発表形式はいろいろある！
　　発表の形式は、いわゆる学会発表形式にこだわる必要はない。たとえば、班の全員が参加する寸劇形式など、工夫の余地はある。特徴的な発表形式を取りそれが発表内容の理解を促進したと判断された場合には加点される。必ずしも1人で発表者を務める必要はなく、複数名ないしは班員全員で行ってもよいが、いわゆる学会形式の発表は、1人で行う方が聞き手には聞きやすい。

　　正式な授業の一環として行われるものであるから、品位のある発表でなければならないことは言うまでもない。

4. ビジュアル・エイドを工夫しよう！
- 発表の際、ビジュアル・エイドとしてOHPを使ってよい。
　OHPシートには、文字の他に表や図、写真などを使ってもよい（普通のコピー機で印刷できる）。OHP以外のビジュアル・エイドを使用するときには、準備する機材について事前に係に相談すること。なお他の班と異なるビジュアル・エイド（例えばPC＋液晶プロジェクターなど）を使っても、そのこと自体は特に加減点の対象とはならないので留意すること。
- ハンドアウト（配布物）を用意してもよい。
　その時には、発表会の1週間前までに、係に原稿を提出しておくこと。ただし、ハンドアウトは発表の理解を促進するものであり、量が多すぎたり読みにくかったりした場合には減点の対象となるので留意すること。

ビジュアル・エイドやハンドアウトが発表の内容とよくマッチしていて、発表内容の理解を促進すると判断された場合には加点される。逆に、それらの内容が発表内容と関連していなかったり、それらを見たり読んだりすることを求めるあまり発表自体に集中させることができなかったと判断された場合には減点することがある。

5. 資料の作り方

〈レジュメ〉
- 要点を箇条書き。
- 字の大きさを変えたり太字・下線などを使って重要な部分を強調する。
- 模式図やグラフなど、言葉では伝えにくいものを盛り込むとよい。
- 引用した部分を明記して引用元をかならず書くこと！

〈ビジュアル・エイド〉
- 縦書きなら12行以内、横書きなら8行以内が目安。
- できるだけ大きな字で、書き込む情報は厳選して。
- 文書よりも箇条書き、文字よりも模式図・グラフ。
- 可能ならカラーを使うとよいが色数は多すぎずに。
- 引用した部分を明記して引用元をかならず書くこと！

〈発表原稿〉
- 5分なら400字詰め原稿用紙で3枚。
- 聞くだけでわかる、という文面にする。
- 大切なことは適度に繰り返すこと。
- 耳慣れない専門用語は必ずレジュメやビジュアル・エイドに書く。
- 同音異義語や誤解を招きやすい言葉には特に注意する。

6. マイクでしゃべるのは難しい！

　発表者はマイク（ワイヤレス、コードつき、共に可）を使っても良い。会場の聴衆全てによく聞こえるように話さなければならない。また、原稿を待ち込むことは許されるがそれを見ながら話すのではなく、あくまでも発表内容は暗記しておいて話さなければならない。さらに、目線は聴衆の方に向けていなければならない（アイコンタクト）。

　これらの項目において優れている場合には加点される。逆に、声が聞こえなかったり、原稿を棒読みしているような場合には減点される。また、発表者が複数の場合、それぞれの発表内容がとぎれとぎれで関連性が薄い場合にも減点されることがある。

No. 29
プレゼンテーション評価シートA

◎採点に際して注目されるのは……
発表の内容をよく準備したと認められるか？　　　　　（周到な準備）
自分達独自のアイデアや意見を盛り込んでいるか？　　（内容の独自性）
論旨が簡潔に表現されていて解りやすいか？　　　　　（簡潔明瞭な論旨）
論旨が充分に説得力を持っていると認められるか？　　（妥当性・説得力）
発表内容に知的なユーモアが感じられたか？　　　　　（知的ユーモア）

※自分の班を基準にして、他の班の発表を採点してください。良い点、改善点を一つずつあげてください。

発表順　　　班の番号　　　（点数のところに丸を付けてください）

1. ＿＿＿＿班　　　−2　　−1　　0　　+1　　+2
良い点 ＿＿＿＿＿＿＿＿＿＿＿＿＿＿＿＿＿＿＿＿＿＿＿＿＿＿＿＿＿＿＿＿＿＿
改善点 ＿＿＿＿＿＿＿＿＿＿＿＿＿＿＿＿＿＿＿＿＿＿＿＿＿＿＿＿＿＿＿＿＿＿

2. ＿＿＿＿班　　　−2　　−1　　0　　+1　　+2
良い点 ＿＿＿＿＿＿＿＿＿＿＿＿＿＿＿＿＿＿＿＿＿＿＿＿＿＿＿＿＿＿＿＿＿＿
改善点 ＿＿＿＿＿＿＿＿＿＿＿＿＿＿＿＿＿＿＿＿＿＿＿＿＿＿＿＿＿＿＿＿＿＿

3. ＿＿＿＿班　　　−2　　−1　　0　　+1　　+2
良い点 ＿＿＿＿＿＿＿＿＿＿＿＿＿＿＿＿＿＿＿＿＿＿＿＿＿＿＿＿＿＿＿＿＿＿
改善点 ＿＿＿＿＿＿＿＿＿＿＿＿＿＿＿＿＿＿＿＿＿＿＿＿＿＿＿＿＿＿＿＿＿＿

4. ＿＿＿＿班　　　−2　　−1　　0　　+1　　+2
良い点 ＿＿＿＿＿＿＿＿＿＿＿＿＿＿＿＿＿＿＿＿＿＿＿＿＿＿＿＿＿＿＿＿＿＿
改善点 ＿＿＿＿＿＿＿＿＿＿＿＿＿＿＿＿＿＿＿＿＿＿＿＿＿＿＿＿＿＿＿＿＿＿

5. ＿＿＿＿班　　　−2　　−1　　0　　+1　　+2
良い点 ＿＿＿＿＿＿＿＿＿＿＿＿＿＿＿＿＿＿＿＿＿＿＿＿＿＿＿＿＿＿＿＿＿＿
改善点 ＿＿＿＿＿＿＿＿＿＿＿＿＿＿＿＿＿＿＿＿＿＿＿＿＿＿＿＿＿＿＿＿＿＿

6. ＿＿＿＿班　　　−2　　−1　　0　　+1　　+2
良い点 ＿＿＿＿＿＿＿＿＿＿＿＿＿＿＿＿＿＿＿＿＿＿＿＿＿＿＿＿＿＿＿＿＿＿
改善点 ＿＿＿＿＿＿＿＿＿＿＿＿＿＿＿＿＿＿＿＿＿＿＿＿＿＿＿＿＿＿＿＿＿＿

あなたの班の番号　　　　学籍番号　　　　　　　　　名前

No. 30
プレゼンテーション評価シートB

	改善の必要あり（C）	もう少し（B）	よくできました（A）
声　量	発表全体を通して、教室全体に声が届かず、端では内容がよく聞き取れない。	教室全体に声が届いているが、時々、内容が聞き取れないことがある。	教室全体に声が届いており、最初から最後まで、内容がよく聞き取れる。
視　線	発表全体を通して、聴衆を見ていないことが多い。	発表中に、聴衆を見ていないことが時々ある。	発表全体を通して、聴衆を見ている。
内　容	わかりやすい順序で内容が構成されておらず、聞き手が理解に苦しむ。ポイントが不明瞭である。	内容の順序については、改善の余地が若干あり、聞き手が理解しにくい部分がある。ポイントもやや不明瞭である。	わかりやすい順序で内容が構成されており、聞き手が理解しやすい。ポイントも強調されている。
熱　意	やる気が表現されていない。淡々と発表をこなしているように見える。	やる気がないわけではないが、人を動かすほどの熱意にまでは表現されていない。	やる気、人を動かす熱意も十分表現されている。
チームワーク	メンバー間でのコミュニケーションがとれておらず一人に任せきりにしている、もしくは一人が勝手に発表を進めているように見える。	メンバー間でのコミュニケーションがまあまあとれており、協力して発表を進めているように見える。発表に対する熱意が感じられないメンバーがいる。	メンバー間でのコミュニケーションが十分にとれており、協力して発表を進めているように見える。発表に対するメンバー全員の熱意が感じられる。
質疑応答	質問を正確に理解していないために、応答が的を射ていない。応答が攻撃的であり、質問者や聞き手に不愉快な思いをさせている。	質問を正確に理解しているが、応答が的を射ていない。応答は誠意を持ったものになっており、やりとりが建設的である。	質問を正確に理解しており、応答が的を射ている。応答は誠意を持ったものになっており、やりとりが建設的である。
発表時間	発表時間は、規定時間を過ぎた。もしくは大幅に早い時間で終了した。	発表時間は、規定時間内であったが、若干早い時間で終了した。	発表時間は、規定時間内であり、ぎりぎりまで有効に時間を使っていた。

発表した班の番号

あなたの班の番号　　　　学籍番号　　　　　　　　　名前

No. 31
プレゼンテーション評価シートC

エントリー番号 氏名	①話の構成	②話の内容	③重要点の明確さ	④声の大きさ	⑤話す速さ	⑥声の明瞭さ	⑦間の取り方	⑧顔の表情	⑨視線の向け方	⑩身振り・手振り	良い点コメント	改善点コメント

(5=相当良い、4=まあ良い、3=普通、2=少し問題あり、1=相当問題あり)

エントリー番号 氏名	①	②	③	④	⑤	⑥	⑦	⑧	⑨	⑩	良い点コメント	改善点コメント
エントリー No.1 (　　)												
エントリー No.2 (　　)												
エントリー No.3 (　　)												
エントリー No.4 (　　)												
エントリー No.5 (　　)												
エントリー No.6 (　　)												
エントリー No.7 (　　)												

※①話の構成=順序良く内容が並べられていたか並べられていたか、理解しやすい流れになっていたか流れになっていたか、概要提示や最後のまとめなどの工夫があったか？

※②話の内容=内容が興味を持てるものであったか、十分に調べられている感じがしたか、「なるほど」と思わせるような内容だったか？

※③重要点の明確さ=重要点をゆっくり大きな声で繰り返し主張していたか、重要である事を喚起するコメントがあったか？

※⑦間の取り方=学習者が内容を理解しやすいように、意味の切れ目で区切りがあったりして、ダラダラと話し続けていなかったか？

No. 32
プレゼンテーション評価シートD

　このシートは、各グループにあなたの意見をフィードバックし、グループの学習成果の確認とあなたの質問に答えてもらうために使用します。発表グループの数だけ、このシートを提出してください。

グループ番号（グループ名）　　　　　　　発表タイトル

評価者（＝あなた）の学籍番号　　　　　　名前

1. 発表の内容について、おもしろいと思ったこと・興味を感じたことを書いてください。

2. 発表の内容について、よくわからなかったこと、次回教えてほしいことがあれば書いてください。

3. 発表グループが伝えたいことがあなたによく伝わったかどうかを評価してください。

よく伝わった	まあまあ	あまり伝わらなかった	伝わらなかった

4. ①資料の工夫、②発表方法の工夫、③コミュニケーションの工夫、④その他の工夫、の視点から、良かった点やここを工夫すればさらに良くなると思われる点を書いてください。

(5) グループワークの技法

グループワーク技法の教え方については、これまで複数の授業案を紹介してきました。ここで問題になるのが、グループワークの評価です。大切なことは、グループワークの評価においては形成的評価を重視するということです。最初からグループワークは上手に進みません。学生は、自己評価・他者評価を繰り返すことで、グループワークにおける望ましい言動を学習していくのです。ここでは、自由度の高いものから、厳密なものまで複数の評価シートを用意しました。

No. 33
グループワーク自己評価シートA

1. 本日のグループ学習は活発でしたか？活発であればその理由、活発でなければその理由を書いてください。

2. 本日取り組んだ活動は、自分の意見を反映したものでしたか？反映したものであればどうやって反映できたのか、そうでなかったとすれば、その理由も書いてください。

学籍番号　　　　　名前　　　　　今日の日付　年　月　日

No. 34
グループワーク自己評価シートB

1. 本日のグループワークから、あなたが学んだレッスン（教訓）は何でしょうか？

2. 本日のグループワークを通して、自分自身について気づいたこと、発見したことは何でしょうか？

3. 本日のグループワークを通して、グループメンバーについて気づいたこと、発見したことは何でしょうか？

学籍番号　　　　　　　　名前　　　　　　　　　　今日の日付　年　　月　　日

No. 35
グループワーク・ピア評価シートA

　グループの活動の質を高めるために、仲間（ピア）同士の評価を行います。シート記入後は、「本人」（=○○さん）に戻してあげてください。このシートは授業最終日まで「本人」が保管しておいてください。授業最終日に全シートを教員に提出してもらいます。

（　　　　　　　）さんを評価します。　　評価者の名前 _____　日付 _____

1. ○○さんの作業の質に満足している。　　　　　　　　　　　肯定 ├─────┼─────┼─────┤ 否定
2. ○○さんの作業の量に満足している。　　　　　　　　　　　肯定 ├─────┼─────┼─────┤ 否定
3. ○○さんはすべての話し合いに積極的に参加している。　　肯定 ├─────┼─────┼─────┤ 否定
4. ○○さんは作業を共有し、グループに貢献している。　　　　肯定 ├─────┼─────┼─────┤ 否定
5. ○○さんは、すべてのグループメンバーに敬意を示し、　　　肯定 ├─────┼─────┼─────┤ 否定
　　うまくグループ学習が進行するように心がけている。
6. コメント（良いところ、もっと良くなるところを書いてあげましょう）

-- キリトリ --

　グループの活動の質を高めるために、仲間（ピア）同士の評価を行います。シート記入後は、「本人」（=○○さん）に戻してあげてください。このシートは授業最終日まで「本人」が保管しておいてください。授業最終日に全シートを教員に提出してもらいます。

（　　　　　　　）さんを評価します。　　評価者の名前 _____　日付 _____

1. ○○さんの作業の質に満足している。　　　　　　　　　　　肯定 ├─────┼─────┼─────┤ 否定
2. ○○さんの作業の量に満足している。　　　　　　　　　　　肯定 ├─────┼─────┼─────┤ 否定
3. ○○さんはすべての話し合いに積極的に参加している。　　肯定 ├─────┼─────┼─────┤ 否定
4. ○○さんは作業を共有し、グループに貢献している。　　　　肯定 ├─────┼─────┼─────┤ 否定
5. ○○さんは、すべてのグループメンバーに敬意を示し、　　　肯定 ├─────┼─────┼─────┤ 否定
　　うまくグループ学習が進行するように心がけている。
6. コメント（良いところ、もっと良くなるところを書いてあげましょう）

No. 36
グループワーク・ピア評価シートB

評価者氏名（　　　　　　　　　　　　）　日付（　　　　　　　　　　　　　　）

※5点満点で評価してください。
5点＝強くそう思う、4点＝まあまあそう思う、3点＝普通、2点＝あまりそう思わない、
1点＝まったくそう思わない

分類	項目	被評価者氏名					
目標達成行動	1. 課題（やるべきこと）に真剣に取り組んでいた						
	2. 課題（やるべきこと）をしっかり理解していた						
	3. 自分の意見を積極的に主張していた						
	4. 与えられた役割をしっかり果たそうとしていた						
	5. 話題がそれたとき本題に戻そうとしていた						
	6. 妥協ではない納得した結論を出そうと努力していた						
集団維持行動	7. 相手の意見をしっかり聴き、理解しようとしていた						
	8. グループにとけこもうとしていた						
	9. つまらなそうな表情ではなく、笑顔で皆と接していた						
	10. 消極的なメンバーに声をかけていた						
	11. 優れた意見に共感・同意・賛成を表明していた						
	12. 話し合いが楽しくなるように場を盛り上げていた						
合　計　点							
平均点（合計点を12で割る。小数点第2位を四捨五入して、第1位まで表示）							

（6）その他

ここで最初に取り上げているのは、初年次教育の最後の授業向けの授業計画です。グループワークを中心に授業を計画した場合、発表会が終われば授業も終了となりがちですが、しっかりと振り返りの時間を設定し、次学期の行動変容に繋がるワークを入れると効果的です。

次に取り上げているのは、週間学習計画シートです。高校までに授業時間外学習をあまりしていない学生については、それを行うように指導するところから始める必要があります。卒業まで毎週このようなシートを提出させ、教員がチェックすることは大変手間がかかりますが、入学後の1週間あるいは新入生の前学期だけでも、自らの学習を自主的に管理する習慣づけを行うためにシートに記入させることは有効でしょう。初回の授業もしくは入学前教育の教材として有用です。

No. 37
最後の授業

学生に習得してほしいスキル ■コミュニケーション技法　■グループワークの技法　■プレゼンテーション技法 ■時間管理法
想定授業時間数:60分
用意するもの：特になし
授業のポイント →最後の授業は学生の達成感を高め、学習内容を次のステップに繋げるという意味で重要です。「楽しかった」という感想のみが学生の記憶に残るのでは残念なことです。 →学習した内容を振り返らせ、達成感を自覚させ、今後にどう活かすことができるのかを宣言させることで、長期的な教育効果を高めます。
授業の効果 ①学習した各スキルを定着させ、他の授業で応用しやすくします。

授業の流れ

項目	教員の行動	学生の行動
授業ガイダンス（5分）	コース全体の目的・目標、全体の流れ、学生への期待について初回と同様に説明する。今日の授業では当初の目的・目標が達成されたかを確認することを伝える。	教員の話を聞く。
振り返り（10分＋25分）	①個人の振り返りを行う（10分）。用紙を配布し以下について記入してもらう。 ・これまでの授業を通して自分は何を学んだのか。 ・授業を受ける前と受けた後で変わったことは何か。 ・これからの学生生活や将来の生活にどのように活かしたいか（「私は今回学んだ○○を△△として活かします」の形式で）。 ②少人数の場合は全員に発表してもらう。時間が不足する場合は、6人〜10人程度のグループを複数作り、その中で発表してもらう。個人の発表終了後には拍手をすることで、和やかな雰囲気を作る（25分）。	用紙に記入する。発表する。
授業の評価（20分）	①学生による授業評価をグループワークを使ってやってみましょう。学生に4人一組のグループを作ってもらう。下記の作業をやってもらう。 ・この授業の良かった点。 ・この授業で改善したほうがよい点（提案の形で書く）。 　上記二点につき、まずは個人で考え、グループで共有してもらう。できあがった段階で、各グループでどのような意見が出たのかを「グループの意見として」発表してもらうよう伝える。 ②出た意見は教員はメモをして、来年度の授業に参考にすることを伝え、感謝の言葉で締める。	グループを作る。作業する。発表する。

No.38
週間学習計画シート

	月曜日（　／　）		火曜日（　／　）		水曜日（　／　）		木曜日（　／　）	
	計画	現実	計画	現実	計画	現実	計画	現実
5:00								
6:00								
7:00								
8:00								
9:00								
10:00								
11:00								
12:00								
13:00								
14:00								
15:00								
16:00								
17:00								
18:00								
19:00								
20:00								
21:00								
22:00								
23:00								
24:00								

	金曜日（　／　）		土曜日（　／　）		日曜日（　／　）		★1週間の振り返り （成功・失敗の原因を分析する）
	計 画	現 実	計 画	現 実	計 画	現 実	
5:00							
6:00							
7:00							
8:00							
9:00							
10:00							
11:00							
12:00							
13:00							
14:00							
15:00							
16:00							
17:00							
18:00							
19:00							
20:00							
21:00							
22:00							
23:00							
24:00							

学籍番号　　　　　　　　　　　　　　　　　　　　　名前

■ 参考文献

池田輝政、戸田山和久、近田政博、中井俊樹（2001）『成長するティップス先生——授業デザインのための秘訣集』玉川大学出版部

内田実、清水康敬（監）（2005）『実践インストラクショナルデザイン』東京電機大学出版局

D・L・ウルリッチ、K・J・グレンドン、高島尚美（訳）（2002）『看護教育におけるグループ学習のすすめ方』医学書院

愛媛大学教育・学生支援機構教育企画室（2007）『FDハンドブック第1巻　もっと！！授業を良くするために』

愛媛大学教育・学生支援機構教育企画室（2005）『FDハンドブック第2巻　もっと！！授業を良くするために　成功するスタディ・スキルの教え方』

マリリン・H・オーマン、キャスリーン・B・ゲイバーソン、舟島なをみ（監訳）（2001）『看護学教育における講義・演習・実習の評価』医学書院

デイヴィッド・W・ジョンソン、イデッス・ジョンソン・ホルベック、ロジャー・T・ジョンソン、杉江修治ほか（訳）（1998）『学習の輪——アメリカの協同学習入門』二瓶社

鈴木克明（2002）『教材設計マニュアル——独学を支援するために』北大路書房

徳島大学・大学教育委員会（2002）『FD推進ハンドブック』

中野民夫（2001）『ワークショップ——新しい学びと創造の場』岩波書店

中野民夫（2003）『ファシリテーション革命——参加型の場づくりの技法』岩波書店

日本医学教育学会（2006）『第33回医学教育者のためのワークショップ（冨士研WS）配布資料』

日本医学教育学会（2007）『第34回医学教育者のためのワークショップ（冨士研WS）配布資料』

フラン・リース、黒田由貴子（訳）、ピー・ワイ・インターナショナル（訳）（2002）『ファシリテーター型リーダーの時代』プレジデント社

北海道大学高等教育機能開発総合センター「北海道大学FDマニュアル」（2000）『高等教育ジャーナル 第7号』

堀公俊、日本ファシリテーション協会（監）（2004）『ファシリテーションの技術——「社員の意識」を変える協働促進マネジメント』PHP研究所

Grunert, Judith（1997）*The Course Syllabus*. Bolton, MA: Anker Publishing Company

■ 執筆者（2010年6月現在）

佐藤浩章（さとう・ひろあき）＝編者
　　愛媛大学教育・学生支援機構教育企画室副室長／准教授
小林直人（こばやし・なおと）
　　愛媛大学医学部総合医学教育センター教授、愛媛大学教育・学生支援機構教育企画室室長
野本ひさ（のもと・ひさ）
　　愛媛大学教育・学生支援機構学生支援センター副センター長／教授
山本久雄（やまもと・ひさお）
　　愛媛大学教育学部教授

高等教育シリーズ150

大学教員のための授業方法とデザイン

2010年6月25日　初版第1刷発行
2023年3月31日　初版第11刷発行

編　者　　佐藤浩章
発行者　　小原芳明
発行所　　玉川大学出版部
　　　　　〒194-8610 東京都町田市玉川学園6-1-1
　　　　　TEL 042-739-8935　FAX 042-739-8940
　　　　　http://www.tamagawa.jp/up/
　　　　　振替 00180-7-26665
デザイン　堀木一男/Visual Communication Design Convivia
印刷・製本　日新印刷株式会社

乱丁・落丁本はお取り替えいたします。
© Hiroaki SATO 2010　Printed in Japan
ISBN978-4-472-40418-4 C3037 / NDC377

玉川大学出版部の本

成長するティップス先生　授業デザインのための秘訣集
池田輝政・戸田山和久・近田政博・中井俊樹 著

教員が日ごろの教育活動のなかで出会う"困ったこと"や"悩み"を解決する、ちょっとしたヒントを提示。今日からできる授業のノウハウを多数収録したガイドブック。

四六判並製・192頁　本体1,400円

大学教員準備講座
夏目達也・近田政博・中井俊樹・齋藤芳子 著

学生の教育や研究の推進、地域社会への貢献などの専門的職務能力を期待されている大学教員が知っておくべき知識や技能を体系的にまとめる。大学教員を志す者、若手教員必携。

A5判並製・224頁　本体2,400円

大学教員のためのルーブリック評価入門
D.スティーブンス、A・レビ 著／佐藤浩章 監訳／井上敏憲、俣野秀典 訳

採点時間を節約し、効果的なフィードバックを与え、学生の学習を促す評価ツールである「ルーブリック」。その作り方・使い方から、授業改善・キャリア開発などでの活用法まで。

B5判並製・204頁　本体2,800円

大学教育を変える教育業績記録
P. セルディン 著／大学評価・学位授与機構 監訳／栗田佳代子 訳

教育業績の評価と教育活動の改善のために使用されるティーチング・ポートフォリオ。その作成方法から、学問領域別の実例までを詳説。ベストセラー第3版の邦訳。

A5判並製・400頁　本体5,500円

学習経験をつくる大学授業法
L. ディー・フィンク 著／土持ゲーリー法一 監訳

学生が能動的に学習できるようにするにはどのような授業をすればよいのか。意義のある学習経験をつくる統合的なコースデザインや学習目標を効果的に達成するツールを紹介。

A5判並製・344頁　本体3,800円

● 表示価格は税別です。